이토록 게으르고 생각보다 엉뚱한

뇌의 사생활

일러두기

인지과학은 비교적 최근에 대두한 학문으로, 현재까지도 새로운 연구가 이루지는 등 발전을 거듭하고 있다. 따라서 일정 부분 오류가 생기는 상황을 피할 수 없음을 밝힌다. 더욱이 사람의 뇌만큼 복잡한 기관을 다루는 경우라면 더더욱 그렇다. 그런 의미에서 필자는 아이작 아시모프Isaac Asimov가 제시한 '틀림의 상대성Relativity of Wrong' 원칙을 따르려 한다. 사람들이 흔히 생각하는 것과 달리, 사실과 거짓은 절대적이지 않고 대체로 상대적이다. 그러므로 독자가 자신의 뇌를 잘 알고 자기 자신을 더 잘 이해할 수 있도록, 이 책에서는 '현재' 가장 신뢰할 만한 이론적 모형들을 제시했음을 밝힌다.

VOTRE CERVEAU VOUS JOUE DES TOURS by Albert Moukheiber
© Allary Éditions 2019
Korean translation copyright © 2025 Book21 Publishing Group
This Korean edition published by special arrangement
with Allary Editions in conjunction with their duly appointed agent 2 Seas Literary
Agency and co-agent LENA Agency, Seoul
All rights reserved.

이 책의 한국어판 저작권은 레나 에이전시를 통한 저작권자와의 독점계약으로 (주)북이십일이 소유합니다.
신저작권법에 의하여 한국 내에서 보호를 받는 저작물이므로 무단전제 및 복제를 금합니다.

이토록 게으르고 생각보다 엉뚱한

뇌의 알고리즘에 속지 않는
똑똑한 뇌 사용법

뇌의 사생활

알베르 무케베르 지음

이정은 옮김

프랑스 뇌과학자이자 유명 과학 커뮤니케이터
알베르 무케베르의 화제작!

"우리는 뇌의 한계를 자각하고 이해함으로써 더 나은 삶을 살 수 있다"

/
들어가며
/

거짓말쟁이
뇌와 함께
살아가는 법

우리의 인식은 편향되어 있고, 주의력에는 한계가 있으며, 기억은 부정확하다. 그럼에도 우리는 꽤나 일관된 관점을 가지고 세상을 살아간다. 어떻게 이런 일이 가능한 걸까? 그 이유는 우리의 뇌, 더 정확하게는 우리 뇌가 부리는 '기교'tricks 덕분이다. 뇌는 기교를 부려 우리가 다각적이고 복잡한 세상을 더 잘 이해할 수 있게 해주며, 나아가 그것을 다른 사람들과 공유할 수 있게 해준다.

지식을 관장하는 중심 기관인 뇌는 어림짐작estimate을 기반으로 작동한다. 우리가 사물과 세상에 대하여 갖는 지식이 상대적인 이유는 이 때문이다.

  뇌는 우리가 친구나 연인과 맺는 관계, 일에 대해 갖는 생각, 정치적 견해 등 삶의 모든 부분에 대하여 각각의 정신 모델mental model을 만들어낸다. 그리고 때론 우리가 세상을 더 잘 살아갈 수 있도록 도움이 되는 이야기들을 꾸며내기도 한다. 뇌는 우리가 어린 시절에 대해 가졌던 기억을 모조리 재구성하기도 하고, 발생 가능한 어떤 위험이 실제로 닥쳤을 때 생존할 수 있도록 우리를 대비시키기도 하며, 앞에 놓인 밀랍 덩어리가 사실은 녹아내린 양초라는 사실을 깨닫게 한다. 이렇게 도움을 주기도 하지만 또 어쩔 때는 착시나 마술을 부려서 우리를 속이고, 가짜 뉴스의 함정에 빠뜨리며, 모르는 것을 잘 안다고 착각하게도 만든다.

  우리는 앞으로 뇌의 한복판으로 함께 여행을 떠나 뇌라는 참으로 불가사의하고 놀라운 기관의 작동 원리와 기능 방식을 하나씩 살펴볼 것이다. 그리고 그 과정에서 뇌가 언제, 어떻게, 왜 우리를 골탕 먹이는지, 또 어떻게 스스로 제 꾀에 넘어가는지 알 수 있게 될 것이다.

차례

들어가며 거짓말쟁이 뇌와 함께 살아가는 법   004

1부 ──── 우리는 어떻게 세상을 인식하는가?

**1 /
우리는 정말
'눈'으로 세상을
바라보고 있을까?**

내가 보는 세상을 그들은 보지 못하는 이유	014
눈의 사각지대가 만들어내는 잘못된 해석	020
마술 트릭이 우리에게 가르쳐주는 진실	022
뇌는 모호함과 공백을 견디지 못한다	026

**2 /
뇌는 어떤 식으로
우리에게 거짓을
들려주는가?**

뇌가 허황된 이야기를 꾸며내는 이유	031
기억은 '출력'이 아닌 '재창조'다	034
기억 조작이 나쁜 사람의 손에 들어갈 때	038
하지도 않은 선택을 애써 정당화하는 이유	042

3 / 우리는 왜 그토록 자주 어림짐작하는가?

추론, 혹은 12월 31일에 택시를 잡는 기술	047
우리는 어떻게 무의식적으로 행동하고 사고하는가?	049
생각의 일탈이 우리를 오류로 이끌 때	051
직관 vs. 고찰: 생각의 두 가지 길	054
세상살이에 도움이 되는 빠른 생각의 미덕	055

2부 ─────── 나의 뇌, 타인의 뇌 그리고 세상

4 / 인간에게 가장 필요한 친구이자 적, 스트레스

우리가 살아남은 것은 모두 스트레스 덕분이다	065
21세기를 살지만 우리는 여전히 호모사피엔스일 뿐	069
스트레스와 불안이 우리의 삶을 갉아먹을 때	072
스트레스 신호를 알아채고 완화시키는 법	077

5 / 확신이라는 이름의 환상

동기화된 추론: 우리는 진실을 선택한다	082
팔로우와 알고리즘 그리고 확증 편향	084
내가 믿는 것만 듣고 보는 것의 위험성	088

6 /
나를 위한
거짓말이 필요할 때:
인지 부조화

정적을 친구로 만든 벤저민 프랭클린의 기술	097
때로는 착한 거짓말도 필요한 법이다	101
MBTI 테스트가 말해주지 않는 진실	103

7 /
내가 좌우할 수
있는 일과
내가 어쩔 수
없는 일

운명론 vs. 자기결정론, 통제의 키를 쥔 자는 누구인가	112
학습된 무기력이 나와 세상에 미치는 영향	114
통제광이 되거나 구원자 콤플렉스에 빠지거나	120

8 /
뇌가 자주
근거 없는 자신감에
빠지는 이유

자신감 과잉에 빠진 자와 가면 증후군에 빠진 자	130
잘못된 생각을 진실로 착각하는 이유	134
단순화의 함정과 '심오해 보이는 헛소리'	138

9 /
착한 사마리아인이
되거나 악마가 되거나:
맥락의 중요성

'이미 내려진 선택'이 가지는 문제	150
넛지: 좋은 결정을 하도록 부추기는 가벼운 손짓	153
상황은 때론 우리를 비인간적으로 만든다	156
사회적 순응과 대중의 지혜	162
여러 명일수록 도움의 손길이 줄어드는 이유	166
우리에게 필요한 것은 연대의 사슬이다	168

10 /
정신적으로 더 유연해지기 위한 기술

자동적 사고를 넘어 메타 인지 사용하기	172
가짜 뉴스의 홍수에서 살아남기 위한 여섯 가지 생존 지침	176
생각의 게으름뱅이가 되지 않으려면	181
언제 의심하고 신뢰할지 스스로 알아내는 사람이 되라	184

나가며 편향의 눈가리개를 벗고 직관을 의심하라   189
감사의 말   193
용어 정리   196
주   204

1부

우리는 어떻게 세상을 인식하는가?

/ 1 /

우리는 정말 '눈'으로 세상을 바라보고 있을까?

> 위대한 여행자가 으레 그렇듯, 나는 내가 기억하는 것보다 더 많이 보았고, 내가 본 것보다 더 많은 것을 기억한다.
>
> 벤저민 디즈레일리Benjamin Disraeli, 영국의 정치인

우리는 세상을 눈으로 보고 귀로 들어서 파악한다고 생각한다. 이는 너무나 당연한 생각인데, 지각은 우리의 '감각'을 거쳐 들어오기 때문이다. 하지만 사실 알고 보면 우리는 가장 먼저 '뇌'를 통해 세상을 파악한다.

물론, 오감과 뇌는 함께 작용한다. 하지만 엄밀히 말하면 우리의 눈과 귀, 코와 피부는 사실상 외부 세계가 우리에게 보내는 시각적, 청각적, 후각적 신호를 전기 신호로 바꾸는 일종의

'수용기'와 같다. 뇌는 바로 그 수천 개의 전기 신호를 처리하고 걸러내서 우리가 머릿속으로 세계를 재구축할 수 있게 한다.

내가 보는 세상을
그들은 보지 못하는 이유

지금부터 모두가 한 번쯤 해보았을 경험을 분석해보도록 하자. 바로 착시다. 사실 착시는 그 단어부터 착각을 불러일으키는데, '시視'라는 글자 때문에 마치 '눈'이 우리를 속인다고 잘못 생각하게 만들기 때문이다. 사실, 실제로 우리를 속이는 범인은 바로 뇌다.

다음 그림을 살펴보자.

사람의 실루엣이 정면을 향한 모습으로 보이는가, 등을 돌린 모습으로 보이는가? 또 당신이 그 실루엣보다 위에 있는가, 아래에 있는가? 대답하기 망설여질 것이다.

이제는 아래 (a) 그림을 보자. 인물이 확실히 정면을 향한 채 난간에 팔을 괴고 있고, 당신보다 위쪽에 있다. 이제 이 그림을 머릿속에 담고서, 아까의 첫 번째 그림을 다시 보라. 그림을 해석하는 방식은 (a) 그림이 제시한 시나리오를 본떠 이루어질 것이고, 이제 검은 실루엣은 정면을 향한 채 당신을 내려다보는 모습으로 보일 것이다!

그렇다면 이제 (b) 그림으로 넘어가 보자. 마찬가지로 이 그림을 몇 초 동안 바라본 다음에 다시 처음 그림으로 돌아가 보

라. 처음 그림의 검은 실루엣이 이번에는 당신에게 등을 돌리고 있고, 당신은 그 모습을 위에서 내려다본다.

이번에는 그림 세 개를 나란히 놓아보자.

이제 당신은 위아래 그림을 각각 몇 초씩 바라봄으로써, 가운데 그림을 어떤 모습으로 볼지 원하는 대로 바꿀 수 있다.

끝으로, 다시 맨 처음에 제시한 14쪽 그림으로 돌아가라. 이 그림이 잠재적으로 담은 두 가지 버전을 알고 있는 당신은 이제 머릿속으로 관점을 맘대로 바꾸면서 그림 (a), (b)를 다시 보지 않고도 인물을 정면으로 보았다가 등을 돌린 모습으로 보고, 위에서 내려다보았다가 밑에서 올려다볼 수 있다.

그렇다면 이 착시 현상을 분석해서 이 그림들이 사람의 뇌에 어떤 방식으로 작용하는지 한번 살펴보자. (a)와 (b) 그림은

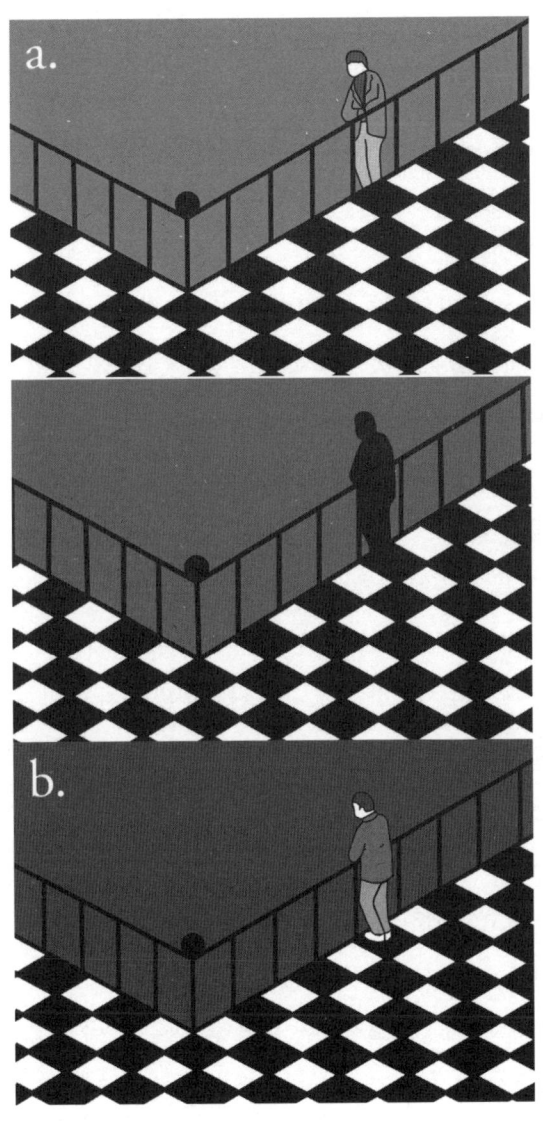

1부. 우리는 어떻게 세상을 인식하는가?

맨 처음 그림의 안정적인stable 버전이다. 이 두 그림을 해석하는 방식은 각각 단 하나뿐이다. 반면에 맨 처음 그림은 모호하다. 그림의 해석에 여러 가지(해당 예시에서는 두 가지) 방식이 존재하기 때문이다. 따라서 맨 처음 그림은 쌍안정bistable 그림이라 할 수 있다.

처음 이 그림을 보는 우리의 뇌는 모호함을 해결하고 단 하나의 방식으로 그림을 해석할 충분한 정보를 갖고 있지 않다. 그러다가 안정적인 버전 두 가지 중 하나를 몇 초 동안 유심히 바라보면, 뇌는 곧바로 시각적인 선입관을 만들어낸다. 그래서 다시 쌍안정 그림을 바라볼 때 그것이 지닌 모호성이 감소하고, 검은 실루엣을 정면을 바라보는 사람(선입관 ⓐ) 또는 등 돌린 사람(선입관 ⓑ)으로 보게 되는 것이다.

뇌는 세상이 자기한테 보내는 신호들을 가지고 일관되고 안정적인 형상을 만들어내기 위해서 그것들을 '해석'해야 한다. 이 과정을 '모호성 감소'라고 부른다. 뇌에 모호한(쌍안정 또는 다중 안정multistable) 그림이 제시되면, 안정성을 찾지 못한 뇌는 실제 그림이 내포한 여러 가능성 중에서 하나를 선택한다.

이번에는 당신이 친구와 함께 쌍안정 이미지인 맨 처음 그림을 본다고 가정해보자. 두 사람 중 아무도 아직 그 그림의 안정적인 버전을 보지 않았다. 이 경우에 두 사람은 각기 나름대로 모호성을 줄인다. 가령 당신한테는 인물의 실루엣이 등을 돌린 모습으로 보이고, 당신 친구한테는 정면을 향한 모습으로 보인다. 두 사람은 사실 똑같은 그림을 바라보고 있지만, 자신의 머릿속에서 '해석된' 서로 다른 두 가지 그림을 보는 것이다. 그래서 두 사람은 자신이 본 그림에 대해 이야기를 하지만 서로를 이해하지 못한다. 각자 지각한 내용이 다르기 때문이다. 두 사람은 모두 자기가 그림을 '있는 그대로' 본다고 깊이 확신한다. 하지만 당신은 상대방이 보는 그림을 전혀 볼 수조차 없다.

2015년, 소셜 미디어에서 아주 큰 화제가 되었던 쌍안정 착시 사진이 하나 있다. 어쩌면 당신도 짐작할 수 있을 텐데, 이 일은 우리가 정말 같은 세상을 보고 있는지 되묻지 않을 수 없는 하나의 거대한 사건과 같았다. 'Swiked'라는 이름의 텀블러Tumblr 사용자가 어느 날 레이스가 달린 원피스 사진을 게시하며 다음과 같은 댓글을 달았다.

"여러분, 도와주세요! 이 원피스가 하얀색-금색 조합인가요, 파란색-검정색인가요? 친구들과 의견이 다 달라서 너무 이상해요."

이 사진은 인터넷에서 공유되며 빠르게 퍼졌고, 전 세계 사람들은 둘로 갈라져 며칠 동안 그 원피스의 색깔을 두고 치열

한 논박을 벌였다! 만일 그때 당신이 이 논쟁에 참여했다면, 원피스를 당신과 똑같은 색깔로 보지 않는 절반의 세상 사람들이 모두 '틀렸다'고 생각했을지 모른다. 하지만 이제 당신은 두 집단 모두 틀리거나 옳지 않다는 사실을 이해한다. 이 색깔 논쟁은 맞고 틀리고가 아닌 그저 우리의 뇌가 모호성을 줄이기 위해 선택한 서로 다른 방식이었을 뿐이다.

위에서 든 두 가지 쌍안정 착시의 사례를 통해 우리는 인간이 지각을 맹목적으로 신뢰하는 경향이 있다는 사실을 알 수 있다. 그리고 이러한 맹목성 때문에 '내가' 지각하는 것을 '모든 사람'이 똑같이 지각한다고 여긴다.

뇌는 세상이 보내는 자극을 거르고 처리하고 해석할 때, 어떻게 하면 우리가 그 세상 안에서 자연스럽게 살아갈 수 있을지 계속 추정하며 전체적인 관점을 구축한다. 그렇게 뇌는 안정적이고 일관된 현실을 제시하기 위해 쌍안정 착시의 경우에서 그랬던 것처럼 끊임없이 모호성을 감소시킨다.

**눈의 사각지대가 만들어내는
잘못된 해석**

인간의 시야에는 '맹점'이라고

부르는, 시각 신경이 망막에서 뇌로 빠져나가는 지점이 존재한다. 망막의 다른 부분과 달리 이 지점에는 빛 수용기가 없다. 그래서 망막이 빛을 받아들이지 못하는 그 지점에 마치 '구멍'이 뚫린 것처럼 느껴진다. 하지만 일상에서 우리가 시야에 생기는 그 구멍을 느낄 일은 거의 없다. 왜냐하면 눈은 두 개이기 때문이다. 그러나 만일 한쪽 눈이 멀었거나 한쪽 눈을 의도적으로 감는다면, 상황은 완전히 달라질 것이다.

그렇다면 한번 실험을 해보자. 왼쪽 눈을 감고서 책장을 얼굴 중앙에 놓고, 오른쪽 눈으로 아래 십자 표시를 바라보라. 그런 뒤 책을 서서히 얼굴 가까이 가져가라.

별안간(아마도 책과 눈 사이가 약 25센티미터 정도로 가까워졌을 때) 십자 표시의 오른쪽에 있는 검은색 점이 사라질 것이다. 그 점이 정확히 당신 망막의 맹점에 위치하기 때문이다. 이때 당신의 뇌는 페이지의 나머지 부분이 전부 흰색이라고 '추정'한다. 뇌가 현실을 그릇되게 해석하는 것이다.

그렇다면 이번에는 다음 그림을 가지고 똑같은 실험을 해보자.

검은색 점이 맹점에 위치하자마자, 회색 막대가 연속된 하나의 막대로 보일 것이다. 당신의 뇌는 검정색 점의 앞뒤에 있는 회색 막대를 보고서 가운데 빈 공간을 똑같은 회색 막대로 채워넣는다.

마술 트릭이 우리에게
가르쳐주는 진실

　　　　　　　　　　　마술은 참으로 놀랍다. 마술이 어느 누구에게나 보편적으로 통하는 이유는 그것이 뇌의 기제, 그중에서도 특히 우리가 방금 살펴본 모호성 감소 기제를 가지고 기교를 부리기 때문이다.

동전 마술의 경우가 대표적이다. 마술사는 동전 하나를 오른손의 엄지와 검지로 집어 들고 천천히 왼손 손바닥에 놓은 다음에 왼손 주먹을 쥔다. 그리고 그 주먹을 당신을 향해 뻗으며 거기에 입김을 불라고 한다. 그런 다음에 과장된 몸짓으로 손바닥을 편다. 동전은 마술처럼 사라지고 없다! 그런 뒤 마술사는 놀라워하는 당신의 귀 뒤로 혹은 당신의 주머니 안에서 동전이 다시 나타나게 만든다.

이 마술의 트릭을 알고 있는가? 사실 동전은 마술사의 왼쪽 손바닥에 단 한순간도 놓인 적이 없다. 마술사는 '파밍palming(팜palm은 '손바닥'이라는 뜻)'이라고 부르는 기술을 사용했다. 다시 말해, 동전을 왼손바닥에 놓는 척하면서 사실은 오른손에 계속 가지고 있었다는 얘기다.

이 모든 일은 매우 느린 속도로 이루어진다. 마술사가 속이려는 것은 사실 눈이 아니라 뇌이기 때문이다. 뇌가 사물의 이동을 논리적으로 해석하는 방식을 이용해서 착각을 일으키는 것이다. 사람은 자신이 세상을 지각하는 방식을 신뢰한다. 즉, 동전이 한 손에서 다른 손으로 옮겨가는 것을 '보았다고 생각'한다. 그래서 동전이 어떻게 자기 귀 뒤에 가 있을 수 있는지 이해하지 못한다. 그리고 자기가 보기에 일관성이 없고 무언가 비현실적인 일이 벌어지면 사람들은 그것을 '마술'이라고 부른다.

뇌는 우리가 눈을 뜨는 순간부터 내내 현실을 추정하고 해석하고 공백이 있으면 그 부분을 관련 있어 보이는 것들로 채워넣는다. 그리고 이 일을 우리가 아주 어렸을 때부터 우리가 인지하지 못하는 새에 한다. 식탁은 어느 각도에서 바라보든 실내의 조명이 어떻든 항상 똑같은 식탁이다. 이처럼 어떤 사물을 정확한 어느 지점에 놓으면 그 사물이 움직이지 않으리라는 사실을 우리는 잘 안다. 이것이 바로 '대상 영속성$_{object\ permanence}$'이다. 물론 불완전한 방식이기는 하지만 이렇게 현실을 끊임없이 해석하고 재구성하는 작업이 이루어지는 덕분에, 우리의 현실 세계는 참으로 생생하며 사물들은 한자리에 고정되어 있는 듯 보인다. 바로 이런 이유로 우리가 동전 마술에 속아 넘어가는 것이다.

마술사들은 자기들이 펼쳐 보이는 마술이 어떤 심리적 기제로 사람들을 속이는지 알아보고자 신경 과학자들과 손을 잡았다. 우리 시대의 가장 위대한 마술사 중 한 명인 텔러$_{Teller}$*도 〈네이처$_{Nature}$〉에 실린 한 연구에 참여했다.[1] 해당 연구는 마술과 사람이 세상을 지각하는 과정의 관계를 설명하는 연구였다.

텔러는 먼저 컵과 공으로 하는 잘 알려진 마술을 펼친다. 관객 앞에 컵 세 개와 공들이 있는데, 마술사는 그 공들을 '사라지게' 하거나 '마술처럼' 한 컵에서 다른 컵으로 옮겨가게 한다. 연구 과정에서 텔러는 다음과 같은 일화를 전했다. 어느 날 그는 무대에 오르기 직전에 공과 컵을 집에 두고 왔다는 사실을

---

* 미국의 전설적인 마술 듀오 '펜 앤 텔러$_{Penn\ \&\ Teller}$'로 활동한 마술사로, 예술적인 퍼포먼스로 유명하다.—옮긴이

깨달았다. 그래서 어쩔 수 없이 분장실에 있는 투명한 컵 몇 개와 종이 냅킨을 뭉쳐서 만든 공을 사용해야 했다. 텔러는 그 때문에 관객이 마술을 곧바로 이해하지 못할까 봐 걱정했는데, 관객은 오히려 평소보다 더 놀라는 것 같았다. 그는 〈와이어드 Wired〉와의 인터뷰에서 이렇게 말했다.

"거기 와 있던 모든 사람들은 내가 무엇을 하는지 분명히 '볼' 수 있었지만, 그들의 뇌는 무슨 일이 벌어졌는지 '이해'하지 못했습니다."[2]

다음과 같은 유명한 경구를 들어본 적 있을 것이다. "우리는 세상을 있는 그대로 보지 않고, 우리 자신의 모습대로 본다." 이것은 오늘날 인지과학 연구로 확증된 심오한 진리다. 세상은 우리에게 끊임없이 무수한 신호를 보낸다. 그중에서 우리는 보고 싶은 것들을 선택함으로써 그 신호들이 지닌 모호성을 줄인다. 그렇게 우리는 나름의 방식대로 세상을 해석하며 심리적, 문화적, 사회적으로 서서히 세상의 모델을 형성한다.

이는 우리가 늘 보고 싶은 것만 본다는 말이 아니다. 다시 말해, 실제로 존재하지도 않는 것을 그저 머릿속으로만 상상해 맘대로 자신만의 현실을 만들어간다는 뜻이 아니다. 앞서 살펴본 착시 그림에서 정면 혹은 등 돌린 사람의 형상을 볼 수는 있지만, 나무나 바나나의 형상은 볼 수 없는 것처럼 말이다. 현실은 엄연히 존재하며, 그것을 함부로 바꿀 수는 없다. 뇌가 해석하지 않으면 사람이 현실을 파악할 수 없다 해도 말이다.

뇌는 모호함과 공백을 견디지 못한다

우리는 우리가 받는 외부 신호들이 지니는 모호성 때문에 항상 불확실함이라는 불편한 상황에 놓이곤 한다. 그래서 모호성에서 벗어나기 위해 어떤 요소를 채워넣어야 할 상황이 생기면, 우리 뇌는 그 공백을 어떻게든 채우려 한다. 데카르트Descartes는 《제일철학에 관한 성찰》에서 다음과 같이 썼다.

"이 창문을 통해서 나에게 무엇이 보이나? 태엽으로 움직이는 귀신들 혹은 가짜 인간들을 덮은 모자와 외투들밖에 안 보인다. 하지만 나는 오로지 내 정신이 지닌 판단 능력만으로 내가 눈으로 본다고 믿는 그것들이 진짜 사람이라고 판단한다."

우리 눈은 외투와 모자 안에 있는 사람을 보지 못하지만, 뇌가 그 사람들을 복원해낸다. 초창기 인지과학 연구가 시작되기도 훨씬 전에 데카르트는 이미 우리 뇌가 '공백을 채운다'는 사실을 이해했던 것이다.

우리 뇌가 채우는 공백에 대한 흥미로운 또 다른 사례가 있다. 자, 다음 문장을 읽어보자.

O1 문ㅈ5은 ㅂㅣ로 O1렇7ㅔ 읽힙Lㅣ다.

확신하건대, 분명 다음과 같이 읽었을 것이다. "이 문장은 바로 이렇게 읽힙니다." 이 문장을 문자 그대로 보면 사실 아무 뜻이 없는데도, 당신의 뇌가 그 뜻을 재창조했다. 뇌가 겉으로 보이는 명백한 무질서를 정리해서, 적힌 그대로의 엄밀한 현실을 받아들이기보다는 그것을 '해석'하는 편을 택한 것이다. 이는 모호한 상태에 머무르기보다는 일련의 문자들에, 더 확장하면 사물들과 이 세상에 의미를 부여하는 편을 선호하는 우리 뇌가 어떻게 작용하는지 잘 보여주는 사례다.

✕

뇌는 현실이 우리에게 끊임없이 제시하는 무수히 많은 모호한 정보를 거르고 해석함으로써 현실을 재창조한다. 하지만 이 과정은 너무나 자연스럽고 무의식적으로 일어나기에 우리는 이를 거의 인지하지 못한다. 대부분의 경우에 뇌의 이러한 작용은 매우 유용하고 심지어 우리의 생명을 유지하는 데도 반드시 필요하다.

하지만 종종 우리에게 해를 끼치는 오류를 낳기도 한다. 따라서 뇌가 우리를 골탕 먹이는 이 방식을 조금 더 자세히 살펴보아야 할 것이다.

/ 2 /

뇌는 어떤 식으로 우리에게 거짓을 들려주는가?

> 이는 마치 우리 각자가 머릿속으로 자신에 대한 어떤 이야기를 스스로 들려주는 것과 같다. 항상. 계속해서. 그리고 그 이야기가 지금의 당신을 만들어낸다. 사람은 그 이야기로 구축된다.
>
> 패트릭 로스퍼스Patrick Rothfuss, 미국의 작가

뇌는 세상을 재창조함으로써 우리가 자기 자신 및 살아가는 환경과 일관성을 가질 수 있게 해준다. 그리고 그렇게 하기 위해 뇌는 가끔 존재하지 않는 무언가를 꾸며내기도 한다. 일부 신경성 질병의 경우에는 그 꾸며내는 능력이 극단적으로 발휘되는데, 이를 작화증confabulation이라고 한다.

시각 실인증visual agnosia이라고도 불리는 안톤 증후군Anton

Syndrome의 사례를 보면, 뇌가 작화증을 어느 정도까지 발달시키는지 알 수 있다. 시각 실인증은 지금까지 스물여덟 개의 사례가 보고되었을 뿐이지만 주목할 가치가 있다. 이것은 환자의 시각에 생기는 신경성 의식장애다. 환자의 실명은 망막이 아닌 뇌의 피질에서 생긴다. 망막이 빛을 받아들이지만, 뇌가 그 자극을 영상으로 바꾸지 못하는 것이다. 환자는 "뇌가 눈이 멀었"지만 자신이 올바르게 본다고 무조건 확신하다.

2007년에 여섯 살 어린이의 사례가 보고되었다.[3] 그 아이는 읽기 능력을 잃었고, 물건을 붙들려 해도 번번이 잡지 못했으며 자주 넘어졌다. 그래서 부모는 아이의 시력을 검사했다. 아이는 1미터 떨어진 곳에 있는 제일 큰 글자들도 읽지 못했다. 그래서 0.01보다 낮은 수치를 받았다. 다시 말해서 아이는 앞이 거의 안 보이는 수준이었는데, 그럼에도 불구하고 아이는 자기가 완벽하게 제대로 본다고 생각했다. 그렇다면 왜 벽에 부딪치거나 손 닿는 곳에 있는 물건을 잡지 못하는지 물으면, 아이는 "부딪치지 않았어요" 혹은 "그거 장난이었어요" 같은 변명을 꾸며냈다.

분명히 말해둘 점은, 시각 실인증을 겪는 사람은 절대 거짓말하는 것이 아니라는 점이다. 거짓말은 의도적인 행위다. 하지만 시각 실인증에 걸린 사람은 뇌가 꾸며낸 허황된 이야기를 통해 자신의 시력이 정상이라고 생각한다.

뇌가 허황된 이야기를
꾸며내는 이유

뇌는 두 개의 반구(좌반구와 우반구)로 이루어져 있는데, 이 둘은 뇌량corpus callosum(혹은 뇌들보)이라고 부르는 구조로 연결된다.

뇌량 절제술은 최근까지도 뇌전증 환자에게 흔히 실시되었다. 이는 좌반구와 우반구를 분리하기 위해서 뇌량을 부분적으로 혹은 완전히 절단하는 외과 수술이다. 이 수술법은 신경 심리학자이자 신경 생리학자인 로저 스페리Roger Sperry가 원숭이의 뇌량을 절단해도 원숭이의 전반적인 활동에 큰 영향이 없다는 사실을 발견한 이후로 1950년대부터 널리 적용되었다.

뇌에 대해 우리가 흔히 가지고 있는 오해 중 하나는, 좌반구는 창조적이고 우반구는 분석적이며, 좌반구는 예술적이고 우반구는 수학적이라는 것이다. 하지만 이는 사실이 아니다. 물론 어떤 기능은 측성側性을 띤다. 즉, 좌반구나 우반구 중 하나에 자리 잡는 것이다. 하지만 대부분의 기능은 양측성兩側性을 띠어서 양쪽 반구에 모두 존재한다. 이 때문에 원숭이나 사람에게서 뇌량을 잘라내도 뇌의 기능은 큰 영향을 받지 않는다.

언어는 측성을 띠는 뇌의 기능 중 하나로, 대체로 좌반구에 위치한다(뇌의 언어 측성화에서 '우반구형'과 '좌반구형'이 존재한다). 이 주제를 스페리와 함께 연구한 마이클 가자니가Michael Gazzaniga는 다른 쪽 반구가 모르게 한쪽 반구만으로 소통하는 일이 가능한지 알아보고자 실험을 실시했다. 이 실험을 이해하려면, 왼쪽 눈으로 받은 정보는 뇌의 우반구에서 처리되고, 오른쪽 눈으로 받은 정보는 좌반구에서 처리된다는 사실을 알아야 한다.

가자니가는 뇌량을 절단한 두 환자에게 왼쪽 눈(언어 기능이 없는 뇌의 우반구에 연결된 눈)을 가린 채 오른쪽 눈으로만 어떤 그림을 바라보게 했다. 그다음에 그들한테 보이는 것을 말하라고 요청했고, 그들은 쉽게 답했다. 잠시 뒤 가자니가는 새로운 그림을 보여주면서 왼쪽 눈으로 그림을 보게 했다. 그랬더니 환자들은 자기가 보는 것을 말로 표현하지 못했다. 그런데 대신 그림으로 그려보라고 요청하자, 그들은 자기가 본 것을 말로 설명하지는 못했지만 그림으로는 그려낼 수 있었다!

가자니가는 더 나아가 새로운 실험 연구를 실시했다. 앞선 실험과 마찬가지로 뇌량을 절단한 환자에게 화면으로 여러 영상을 보여주었는데, 환자는 왼쪽 눈을 가리고 있는 상태다. 가자니가는 환자에게 닭발이 나오는 영상을 보여준 다음, 여러 사진들 중에서 방금 본 것과 가장 일치하는 사진을 고르라고 요청한다. 환자는 암탉 사진을 가리킨다. 가자니가가 어째서 암탉을 골랐느냐고 묻자 환자는 곧바로 이렇게 대답한다. "영상에 닭발이 나왔으니까요." 뒤이어 똑같은 실험을 다시 하되, 이번에는 환자가 오른쪽 눈을 가리고 왼쪽 눈(즉 언어 기능에 접근하지 못하는 눈)으로만 본다. 화면에는 닭발이 아니라 눈에 덮인 집이 등장한다. 환자는 그다음에 나온 사진들 중에서 눈삽을 가리킨다. 그런데 왜 그 사진을 골랐느냐고 묻자 곤란해한다. 그는 "방금 전에 눈 덮인 집을 봤으니까요"라고 대답하지 않는다. 잘 모르겠다고 말하지도 않고 이렇게 답한다. "음, 그러니까…… 삽, 그게 닭장을 청소하는 거잖아요!"

이는 극단적인 작화증의 예다. 뇌량을 절단한 환자는 일관성을 유지하기 위해서 자기가 한 선택을 사후에 정당화하고자 접근할 수 있는 요소들을 가지고 이유를 만들어내는 것이다.

이처럼 외부 세상의 모호성을 줄이고 세상에 대한 안정적이고 일관성 있는 관점을 만들어내기 위해서 인간의 뇌는 현실을 해석하고, 가끔은 터무니없는 이야기들을 서로 엮고, 필요하면 심지어 이야기를 꾸며내기도 한다. 그렇게 뇌는 세상을 '현재' 지각하는 과정에서 그 세상을 끊임없이 재구축하면서 적극적인 역할을 담당한다.

그런데 이야기를 만들어내는 이러한 작화 능력이 우리의 '기억'에도 적용된다면 어떨까?

기억은 '출력'이 아닌 '재창조'다

기억은 우리가 감정과 믿음, 확신을 형성하고 가공하는 과정에서 중요한 역할을 한다. 기억은 우리가 회상하는 내용을 단순히 객관적으로 기록하고 모아두는 카메라처럼 기능하지 않는다. 기억은 그것들을 '재구축'한다.

당신이 마지막으로 대중교통을 이용한 때를 떠올려보라. 먼저 주목할 점은 당신의 뇌가 그때 당신 주변에 있었던 다른 사람들에 대한 정보, 즉 그들의 수, 나이, 그들이 입은 옷 등을 전부 저장할 수 없었다는 사실이다. 그렇다고 해서 아무도 없는 텅 빈 버스나 열차 칸을 떠올리고, 형체도 얼굴도 없는 유령 같은 승객들을 떠올리지는 않을 것이다. 일단 그 승객들의 정확한 특징을 더 확실히 기억해내려고 노력해보라. 당신이 그 순간에 어떤 특정한 세부 사항에 관심을 갖지 않았다면, 머릿속으로 다시 떠올리는 사람이나 그들이 입은 옷 대부분은 뇌가 완전히 다시 만들어낸 산물이다. 뇌는 일반적인 승객의 전형적인 생김새나 의복 스타일이라고 믿는 것을 활용해서 그렇게 이미지를 창조해낸다. 앞서 이야기했듯이 뇌가 세상을 일관되고 안정적으로 유지하려고 노력하면서, 우리 기억에 현실적인 질감을 부여하는 기억들을 철저히 만들어내는 것이다.

그렇다면 기억은 얼마나 유연해서 가공할 수 있으며, 그러한 가소성은 어느 순간에 해로울까?

미국에서는 최근까지도 범죄 목격자의 증언이 사건의 '유일한 증거'일 때도 그것이 소송 결과를 좌우할 수 있었다. 증인 한 사람의 잘못된 기억 때문에 죄 없는 사람들이 자기가 저지르지 않은 죄로 수감되거나 사형되었다. 기억력에 관한 연구로 저명한 학자 엘리자베스 로프터스Elizabeth Loftus가 목격자 증언의 토대를 뒤흔드는 연구를 발표하고 나서야 미국 법정에 관한 법률은 비로소 바뀔 수 있었다.

로프터스는 우리가 지닌 기억이 어느 정도까지 신뢰할 만한지, 그리고 기억을 조작하거나 의도적으로 특정한 방향으로 유도할 수 있는지 알아보려 했다. 1974년에 그녀는 존 C. 파머John C. Palmer와 함께 사건에 대한 기억을 재구성하는 실험을 실시했다.[4] 로프터스와 파머는 대학생 150명으로 이루어진 피험자 집단에게 자동차 사고를 촬영한 동영상을 보여줬다.

그로부터 일주일 후 연구팀은 학생들을 다시 불러 자동차가 벽에 충돌했을 때 자동차의 유리창이 깨졌는지 여부를 물었다. 실험을 위해 연구팀은 학생들을 두 그룹으로 나누었다. 첫 번째 그룹에게는 '스매시smash'라는 단어를 사용해 질문했다. 즉 자동차는 벽에 부딪쳐 '박살났다'. 단어를 통해 충돌이 매우 심했다는 느낌을 준 것이다. 두 번째 그룹에게는 '히트hit'라는 단어를 사용했다. 즉, 자동차가 벽에 '부딪쳤다'는 뜻으로, 이는 충돌이 조금 더 약했다는 느낌을 주었다. 학생들이 본 동영상에서 사고를 당한 자동차는 유리창이 하나도 깨지지 않았다. 하지만 첫 번째 그룹의 참가자들은 대부분 자동차가 충돌했을 때 유리창이 깨졌다고 단언했다. 두 번째 그룹의 경우는 그러지 않았다.

로프터스와 파머는 겨우 단어 하나를 바꿔 질문함으로써 참가자들이 자동차 사고에 대해 갖고 있던 기억을 바꿔놓는 데 성공했다. 로프터스는 이 실험을 실시한 이후, 자신이 '역정보disinformation 효과'라고 부르는 현상을 정확히 밝히고자 했다. 역정보 효과는 실험 대상자가 사후에 받은 정보 때문에 정보의 정확도와 신뢰도가 낮아지는 현상이다.

프랑스에서는 경찰이 '라인업line-up' 방식을 사용하지 않지만, 미국 드라마나 영화에서는 이 같은 장면을 많이 보았을 것이다. 미국에서는 누군가 폭행을 당하면 경찰이 비슷하게 생긴 용의자들을 불러모아 한 줄로 세워놓는다. 피해자는 그중에서 자기를 폭행한 사람을 가려내야 한다. 로프터스는 피해자들 대부분이 항상 누군가를 지목한다는 사실을 눈여겨보았다. 불러놓은 사람들 가운데 가해자가 없는 경우에도 말이다! 피해자들이 거짓말을 한 걸까? 그렇지 않다. 사실 이는 거짓말이 아니라 피해자들의 기억이 '저기에 서 있는 사람 중에 반드시 가해자가 있다'는 은연중의 암시 때문에 바뀐 것이었다.

로프터스의 연구가 발표된 후, 변호사와 법률가들은 1992년 뉴욕에서 '결백 프로젝트Innocence Project'를 시작했다.[5] 그로부터 25년 동안 이 프로젝트로 라인업 방식이나 목격자의 증언으로 내려진 판결의 약 75퍼센트가 취소되었다. DNA 검사 결과가 유죄 선고를 받은 사람이 결백하다는 증거로 제시되었다. 이러한 방법으로 커크 오덤Kirk Odom은 25년 동안 수감 생활을 한 끝에 무죄를 선고받았다. 그는 피해자들 중 한 사람이 그가 납치와 강간을 저질렀다고 증언하는 바람에 유죄 판결을 받았던 것이다.

로프터스는 여기서 한 발 더 나아가 아예 거짓된 기억을 심는 방법이 존재하지도 알아보고자 했다. 그래서 어린 시절에 이른바 '억압'되었다가 어른이 되어서 심리 치료나 정신 분석을 받으면서 분명히 떠오르는 기억에 관심을 가졌다.

로프터스는 어린 시절에 부모나 양육자로부터 버려진 경험 혹은 그와 관련된 정신적 외상이 전혀 없는 남녀를 모아 피험자 집단을 구성했다.[6] 그녀는 앞서 말한 자동차 사고 실험에서 사용한 것과 비슷한 암시 기법을 통해 실험 대상자 중 25퍼센트가 어렸을 때 백화점에서 길을 잃은 적이 있다고 확신하게 만들었다. 그리고 그들 중 여럿은 심지어 실제로는 한 번도 벌어진 적 없는 정신적 외상을 일으키는 순간에 대한 세부 사항들을 꾸며내 말하기도 했다.

기억 조작이 나쁜 사람의
손에 들어갈 때

이러한 암시 기법은 이따금 악의적으로 사용되기도 한다. 2017년, 프랑스의 물리 치료사 마리카트린 파네캄은 자신이 담당하는 여성 환자들에게 어린 시절에 강간이나 근친상간, 폭력을 당했다는 거짓 기억을 심어준 뒤 그들에게서 상당한 돈을 뜯어낸 죄목으로 1년의 구금형 및 2만 유로의 벌금형을 선고받았다.[7] 그녀는 거짓 기억이기는 해도 실제라고 여겨지게 된 그 정신적 외상을 극복하게 해준다는 명목으로 환자들이 값비싼 치료를 받도록 유도했다. 환자들을 속여 자기 이익을 얻으려고 그러한 암시 기법을 사용한 것이다.

가스라이팅gaslighting은 기억 조작을 활용하는 또 다른 유형의 인지 변경이다.[8] 즉, 어떤 사실을 부분적으로만 제시하거나, 가스라이팅 당하는 피해자가 애초에 기억하는 내용의 몇 가지 요소를 바꾸거나, 피해자가 전부 꾸며냈거나 이성을 잃었다고 말하면서 그 사람이 자기가 기억하는 내용, 심지어 자신의 정신 상태를 스스로 의심하게 만드는 방식이다.

이러한 유형의 정서적 학대는 여러 가지 형태로 나타날 수 있다. 예를 들면, 직장에서 고용주가 직원을 매우 심하게 질책하며 정신적으로 견디기 힘들 정도로 괴롭힌다. 그랬다가 며칠 후에 직원에게 그 일에 대해 농담조로 말하며 자기한테는 전혀 악의가 없었으니 기분 상할 필요는 없다고 말한다. 피해자 직원은 어리둥절해져서 자기가 그 사건을 과연 제대로 기억하는 것인지 스스로를 의심하게 된다. 그러면 직원은 고용주를 계속 두려워하면서도, 괴롭힘을 당했다고 감히 고발하지는 못할 것이다.

2010년에 만들어졌고 주로 남성들로 구성된 프랑스의 페이스북 단체 'LOL 동맹Ligue du LOL'이 벌인 일도 이와 비슷했다. 이 단체의 일부 구성원들이 "그저 웃자고" 온라인상에서 페미니스트 언론인과 운동가들을 괴롭혔던 것이다. 하지만 그들의 행동은 '그저 웃을' 일과는 거리가 멀었다. 그들은 외설적인 영상에 몇몇 여성 언론인의 얼굴 사진을 합성해 게시했고, 증오에 찬 메시지를 보내 그들을 괴롭혔다. 그 단체의 구성원들이 현재 내세우는 방어 논리는 다음처럼 간단하다. "우리는 젊었고, 그저 웃자고 그런 겁니다." 여성 언론인 뤼실 벨랑Lucille Bellan은 〈슬레이트Slate〉와의 인터뷰에서 자신이 당했던 괴롭힘을 전하며 당시 자신을 스스로 의심하고 자기가 아무 가치가 없다고 느끼기 시작했다고 말했다.

"나 자신을 피해자로 인정하기 힘들었습니다. 특히 모든 것이 유머로 덧칠될 수 있는 상황에서는 말이죠. 힘든 날이면 '내가 아마 제대로 이해를 못한 거겠지', '내 기사가 그렇게 좋지만은 않은 모양이지'라고 생각하면서 참고 견디죠."

이러한 기억 조작 기법들은 정치적인 목적으로도 사용되었다. 가령 소련 정권이 1930년대 '대숙청' 기간에 벌인 심문의 경우가 그랬다. 이들의 목적은 정권이 노선에서 이탈했고 당을 배신했다는 명목으로 수감한 사람들을 정신적으로 무너뜨리는 것이었다. 그들은 수감자들이 하지도 않은 범죄를 저질렀다고 자백하게 만들고 협박, 가혹 행위, 심리적·육체적 고문(한밤

중에 깨우기, 감방에 계속 불 켜놓기, 똑같은 질문을 여러 방식으로 바꾸어서 되풀이하기 등)들을 동원해 수감자들을 지속적으로 강하게 압박했다. 그러한 가혹 행위들이 계속되면 수감자들은 자신의 과거와 기억이 과연 진실인지 의심하기 시작하고, 결국 자기가 결백하다는 사실마저 의심한다. 그들은 끝내 정신적으로 무너지고 완전히 지쳐서 가상의 범죄가 존재하고 그 일을 자기가 저질렀다고 자백한 뒤 결국 처형당한다. 영화감독 코스타 가브라스Costa-Gavras는 이 주제를 다룬 영화 〈고백〉에서 국제 여단*의 옛 멤버를 등장시킨다. 그는 오랫동안 심문당하고 심리적으로 고문당한 끝에 스페인 내전 때 당을 배신했다고 자백해 버린다. 실제로는 그가 영웅적인 행동을 했는데도 말이다.

기억은 특히 정신 분석가나 심리학자에게 소중한 치료 도구일 수 있지만, 바로 이런 이유들 때문에 극도로 조심해서 사용해야 한다. 의도하지 않더라도 사후에 기억을 사실과 다르게 조정할 수 있기 때문이다.

---

*   스페인 내전 당시 세계 각국에서 모인 외국인 의용군. 파시스트 국민파 군대에 맞서 싸운 준군사조직이다. —옮긴이

하지도 않은 선택을
애써 정당화하는 이유

우리는 어떤 결정을 내릴 때, 다음과 같은 과정을 거친다고 생각한다. 나에게 몇 가지 선택 사항이 제시된다 → 상황을 곰곰이 생각한다 → 나중에 냉철하게 정당화할 수 있을 결정을 내린다. 그런데 우리 뇌에서 정말 이런 식으로 일이 진행될까?

페테르 요한손Petter Johansson과 그의 연구팀은 다음과 같은 실험 연구를 실시했다.[9] 거리를 지나가는 사람들에게 두 여자의 사진을 보여준다. 한 명은 갈색 머리고 다른 한 명은 금발 머리다(두 여자는 모두 머리를 묶었지만 머리 색은 분명히 구분된다). 그런 다음에 둘 중에서 더 예쁘다고 생각하는 여자를 고르라고 한다. 뒤이어 실험자는 실험 대상자 몰래 두 사진을 바꾼 다음에, 그들이 고르지 않은 여자의 사진을 내민다. 그리고 그 여자를 선택한 이유를 설명해보라고 한다. 그러니까 자신이 고르지 않은 여자를 왜 선택했는지 설명해야 하는 것이다. 총 실험 대상자의 74퍼센트가 사진이 바뀐 것을 눈치채지 못했고, 그들은 이른바 자신이 한 선택을 열심히 정당화하면서 가령 그 여자의 미소가 예쁘거나 턱의 모양이 예쁘다는 등의 이유로 다른 얼굴보다 이 얼굴을 선택했다고 설명했다. 뇌가 스스로 하지 않은 선택을 사후에 이렇게 정당화하는 경향에 대해 요한손과 그 연구팀은 선택맹choice blindness이라는 이름을 붙였다.

이 실험의 결과는 인지과학계에 큰 논란을 불러일으켰다. 일부 학자들은 그 실험이 어떤 조건에서 이루어졌는지 궁금해하면서 외부적인 요인이 실험 결과에 영향을 미친 것은 아닌지 의문을 제기했다.

하지만 그 이후로 선택맹에 관한 여러 실험 연구들이 이루어졌고, 학술 연구 중에는 우리 뇌가 사후에 정당화하는 능력이 얼마나 대단한지 보여주는 사례가 차고 넘친다. 2010년에 미국의 학자 라르스 홀Lars Hall은 선택맹에 관한 또 다른 실험을 진행했다. 미국 어느 소도시의 슈퍼마켓에서 그의 연구팀이 가짜 지역 특산물 진열대를 설치한다. 연구자들은 판매원인 척 서로 다른 두 가지 잼과 차를 고객들에게 소개한 다음, 그들이 좋아하는 잼-차 조합에 대해 의견을 말해달라고 부탁한다. 여기서 주목할 점은 소개한 두 가지 잼의 맛이 서로 분명히 구분된다는 사실이다. 하나는 사과와 계피 맛 잼이고, 다른 하나는 감귤 잼이다. 그리고 잼 병이 특수하게 제작되어 있어서 양방향으로 열리고, 양쪽에는 각각 서로 다른 잼이 담겨 있다.

고객이 두 가지 잼을 맛보고 차를 마신 다음에 하나씩 선택하면, 연구자는 고객 몰래 잼 병을 반대로 돌린 다음, 고객이 선택한 잼을 다시 한 번 확인할 겸 맛보라고 권한다. 그러자 실험 대상자의 3분의 1만 잼의 맛이 바뀌었다는 사실을 지적했다. 나머지 3분의 2의 사람들은 전부 자기가 선택하지 않은 잼이 맛있다고 말한다는 사실을 깨닫지도 못한 채, 자기가 한 선택의 이유를 정당화했다! 나중에 어떤 속임수를 썼는지 밝히고 실험의 목적을 설명하자, 그들은 놀라거나 전혀 믿지 못했다.

※

이렇듯 인간은 절대 이성적이며 엄밀한 존재가 아니다. 우리 뇌는 자주 속임수를 쓰고, 가끔 우리를 오류에 빠뜨린다. 이러한 착각이 발생하는 이유 중 하나는 우리가 세상의 모습을 어림짐작으로 헤아려서 구축하기 때문이기도 하다. 하지만 어림짐작이 그 자체로 나쁘지는 않다. 우리가 추론하고 예측할 때 중요한 역할을 담당하고, 반사적인 사고와 행동 대부분을 이 어림짐작이 관장하기 때문이다.

/
3
/

우리는 왜 그토록
자주 어림짐작하는가?

¯_(ツ)_/¯ *

어느 토요일 저녁, 당신은 친구들과 함께 있다. 식사로 초밥을 주문할지 피자를 주문할지 결정하려 한다. 제대로 결정하지 못하는 가운데, 누군가 동전을 던져서 결정하자고 제안한다. 그 순간에 당신한테 동전을 던져 앞면이 나오거나 뒷면이 나올 확률이 얼마냐고 물으면, 당연히

---

* 이건 오타가 아닌 어림짐작의 상징이다. 당신은 이것을 어떻게 해석하겠는가?

50 대 50이라고 대답할 것이다.

그렇다면 이번에는 게임을 하면서 누군가 당신한테 동전 하나를 연속해서 50번 던지고, 동전을 던질 때마다 나온 결과와 그다음 번에 동전이 앞면 또는 뒷면으로 떨어질 확률을 적으라고 요청한다고 상상해보라. 당신은 확률이 고정되어 있고 던지는 횟수에 상관없이 그 확률은 항상 50 대 50이라는 사실을 잘 안다. 그런데 신기하게도 동전을 한 번, 두 번, 세 번 던지는데 계속 앞면이 나온다. 참으로 놀라운 일이지만, 당연히 우연의 결과라고 생각한다. 당신은 여전히 다음에 동전을 던져서 동전이 앞면으로 떨어질 확률이 50퍼센트, 뒷면으로 떨어질 확률이 50퍼센트라고 생각한다.

이번에는 당신이 동전을 50번째로 던지려고 하는데, 지금까지 연속해서 계속 앞면이 나온 상황을 상상해보라. 동전을 한 번 더 던져서 앞면이 나올 확률은 여전히 50 대 50일까? 그렇다. 앞서 말했듯 확률은 고정되어 있기 때문이다. 하지만 너무나 분명해 보이는 현실에 맞추어서, 가령 동전이 앞면만 나오게 조작되었다고 의심하는 등 당신의 사고 모형을 재조정하는 것이 더 합리적으로 보이지 않는가? 통계적인 기적을 목격하고 있다고 믿기란 사실상 어려운 일일 테니 말이다.

이처럼 특정한 사건이 발생했을 때, 뇌가 그에 따른 정신 모형을 형성하고 그 모형을 조금씩 가다듬는 능력은 우리 뇌에 '추론'이라는 매우 중요한 예측 능력을 선사한다. 이는 우리가 세상에 대한 관찰과 지식으로 미래를 예측하고, 그 결과로 각각의 상황에서 우리에게 가장 적당해 보이는 전략을 선택해서 행동하는 능력이다.

추론, 혹은 12월 31일에 택시를 잡는 기술

당신이 거리에서 택시를 잡으려 한다고 상상해보라. 택시를 곧바로 잡을 확률은 당신이 있는 지역, 시간, 요일, 기후, 교통 상황 등 여러 요인에 달려 있다. 만일 1월 1일이나 6월 21일*이라면 '그날 저녁에는 누구든 외출한다'라는 요인이 위에서 말한 모든 요인보다 더 중요할 수 있다. 그래서 거리에서 택시를 잡는 일은 거의 불가능해진다.

하지만 만일 당신이 이미 그러한 상황에 처해본 적이 있다면, 택시가 드문 상황을 미리 예측하고 집에 돌아갈 다른 방법

---

* 프랑스에서 매년 전국적으로 음악 축제가 열리는 날. 많은 인파가 모이는 것으로 유명하다.―옮긴이

을 예상해놓을 수 있다. 가령 그날은 밤새도록 지하철이 운행하니 지하철을 탄다거나, 차를 타고 온 친구에게 집에 데려다 달라고 부탁할 것이다. 당신은 기존에 갖고 있는 지식에서 끌어온 정보들을 당신이 이미 갖고 있던 '택시 잡기' 모형에 통합해서 그 모형을 업데이트했다. 그렇게 당신이 하려는 일의 성공 가능성을 최고로 높이는 추론을 해낸 것이다.

추론 역시 어림짐작의 한 형태다. 신이 아닌 인간이 미래를 예고하기란 불가능하기 때문이다. 이렇게 예상하는 능력은 100퍼센트 신뢰할 수는 없지만 지속성이 있고 우리 삶에 꼭 필요한 작업이다. 여러 과학 분야가 이 원리에 따라 기능한다. 가령 기상학은 위성 영상과 과거 자료들을 관찰해서 날씨가 어떨지 예상한다. 종양학에서는 어떤 환자가 암에 걸릴 위험이 높은지 추론으로 가늠해서 질병 발생을 예측한다. 가령 여성들은 유방암이 생길 것을 미리 예측하고 최대한 빨리 치료할 수 있도록 만 40세부터 2년마다 유방 촬영을 받도록 권장받는다. 통계에 따르면 여성들이 40세 이후 유방암에 더 많이 걸리기 때문이다.

우리는 어떻게 무의식적으로 행동하고 사고하는가?

우리의 일상적인 행동 하나하나가 매번 즉각적이고 무의식적인 결정으로 이루어진다는 사실을 아는가? 계단 올라가기, 박수 치기, 못 박기……. 이 모든 행동을 할 때마다 우리의 머릿속에서는 수많은 의사결정들이 이루어진다(오른쪽 다리를 들었다가 왼쪽 다리를 든다, 양손이 부딪쳐서 짝 소리가 날 때까지 양손을 서로 가까이 접근시킨다, 망치를 든 손을 들었다가 다른 손의 엄지와 검지로 잡고 있는 못을 내려친다……). 이러한 행동들 중에서 조금 더 유심히 살펴볼 만한 행동이 바로 악수다. 악수를 하려면 상대방의 행동과 움직임까지 함께 감안해야 하기 때문이다.

당신이 면접을 보러 간다고 상상해보라. 인사 담당자가 한 손을 내밀며 당신을 맞이하고, 당신은 그에 응해 손을 내민다. 당신은 팔의 정확한 각도나 손에 가하는 힘의 정도를 깊이 생각하지 않은 채 무의식적으로 악수를 한다. 당신의 뇌는 '악수' 행동을 일으키는 데 익숙하다. 그 이전에 그 행동을 이미 수백 번 해봤기 때문이다. 하지만 '완벽하게 똑같은 악수'를 두 번 하기란 불가능하다. 악수 행동을 하는 데 필요한 어림짐작의 정도가 대단히 심하기 때문이다. 그럼에도 우리는 매번 제대로 악수를 해낸다. 현실을 어림짐작이긴 하지만 재빠르게, 적당히 잘 기능하도록 파악한 뒤 보이는 이러한 반응을 휴리스틱heuristics이라고 부른다.

사실 우리가 매일 하는 행동 대부분이 휴리스틱이다. 그런데 생각의 방식에도 휴리스틱이 있다. 가령 우리 뇌는 시간을 쉽게 기억하고 전달할 수 있도록 숫자를 반올림해 파악하는 경향이 있다. 저녁 8시 27분인데 누가 당신에게 지금 몇 시냐고 물으면, 십중팔구 8시 30분이라고 대답할 것이다. 한편 직관적인 행동을 일으키는 선험적 지식도 휴리스틱이라고 부를 수 있다. 막 외출을 하려는데 하늘에 커다란 먹구름이 보이면 비가 올지도 모르니 우산을 가지고 나가야겠다고 결정을 내리는 것이 바로 그 예다.

이러한 휴리스틱 덕분에 우리는 주의력 및 뇌 능력에 한계가 있어도 세상을 잘 살아갈 수 있다. 어떤 결정을 내리기에 앞서 주어진 상황에서 받는 정보를 전부 통합할 주의력이나 시간, 에너지가 없어도 말이다.

결정을 내릴 때 휴리스틱을 사용하는 과정을 더 자세히 알아보기 위해 아모스 트버스키Amos Tversky와 대니얼 카너먼Daniel Kahneman이 1974년에 발표한 훌륭한 논문을 살펴보도록 하자. 이 연구로 카너먼은 2002년 노벨 경제학상을 수상했다.[10]

생각의 일탈이 우리를
오류로 이끌 때

휴리스틱은 우리가 굳이 의식하지 않고도 매일 유용한 온갖 사소한 행동들을 자동으로 할 수 있게 해준다. 그런데 지나치게 빠르고, 어림짐작에 근거하는 반사적인 생각인 탓에 종종 오류가 발생하기도 한다. 심리학자인 카너먼과 트버스키는 주어진 상황에 대한 판단 오류 및 비논리적이거나 비합리적인 해석을 야기하는 이러한 생각의 일탈에 '인지 편향cognitive bias'이라는 이름을 붙였다.

우리는 가끔 어느 주어진 상황을 대표한다고 생각되는 몇 안 되는 요소들에 근거해서 지나치게 빨리 결정을 내린다. 두 연구자는 이를 대표성 편향representativeness bias이라고 부른다. 카너먼과 트버스키는 우리가 통계적인 정보보다는 개성적인 특성을 다루는 정보를 우선시하는 경우가 있음을 실험으로 증명하려 했다. 두 연구자는 몇몇 전형적인 사람의 프로필을 학생들에게 소개하면서 각 인물의 특징들을 몇 가지로 설명했다. 가령 스티브에 대한 묘사는 다음과 같았다.

"스티브는 아주 내성적이고 조심스러운 성격이다. 항상 친절해서 남을 잘 돕지만 사람들이나 세상에는 거의 관심이 없다. 성격은 온화하고, 질서와 구조를 필요로 하며, 매우 체계적이다."

그런 다음 학생들에게 스티브가 어떤 직업에 종사할지 짐작해보라고 요청한다. 그는 농민일까, 서점 주인일까?

학생들 대부분은 두 직업과 연관된 성격에 대한 고정관념에 근거해서 스티브가 서점 주인일 것이라고 대답한다. 학생들은 전 세계적으로 농민이 서점 주인보다 훨씬 더 많다는 사실을 잊었는데, 추론하고 해답을 최종적으로 결정할 때 이 요소를 감안했어야 한다. 실험 참가자들은 깊이 고찰하기보다는 부분적인 정보(성격 특성)에 기초하는 휴리스틱을 사용해서 빠른 시간 내에 답을 얻었지만, 그 답은 부정확하고 거짓일 가능성이 높다.

우리가 오류를 범하게 이끌 수 있는 또 다른 인지 편향은 기준점 편향anchoring effect이다. 어떤 진술이 주어졌을 때, 우리는 최초의 정보를 더 잘 기억하는 경향이 있다. 예를 들어 누군가가 면접관인 당신에게 "호감이 가고 진지한 성격이지만 화를 조금 잘 내는" 첫 번째 후보자를 소개한 다음, "화를 조금 잘 내지만 호감이 가고 매우 진지한 성격인" 두 번째 후보자를 소개했다고 해보자. 두 사람이 똑같은 성격 특성을 지녔어도 당신은 두 번째 후보자보다 첫 번째 후보자에 대하여 긍정적인 선입관을 가질 가능성이 더 크다.

카너먼과 트버스키의 연구 이후로 수백 가지 인지 편향이 집계되었고, 학자들은 현재까지도 계속 정기적으로 새로운 인지 편향을 가려내고 있다.[11] 그 어떤 사실에도 근거를 두지 않는 가짜 뉴스가 부상하는 이 시기에 가장 많이 언급되는 인지 편향 두 가지는 확증 편향confirmation bias과 일화적 증거 편향anecdotal evidence bias이다. 확증 편향은 우리가 자신의 견해와 신념, 믿음을 강화하는 정보들만 취사선택하고, 제시되는 다른 생각들은 전부 거짓으로 간주하고 거부하게 만든다. 일화적 증거 편향은 우리의 추론을 정당화하기 위해서 일화적인 사례를 사용할 때 생긴다. 예를 들면 '비디오 게임이 폭력을 조장한다' 같은 여러 이유를 들어 일부 비디오 게임을 금지시키려는 사람들이 이러한 편향을 보인다. 그들은 비디오 게임을 금지해야 한다는 주장을 뒷받침하기 위해서 폭력을 저지른 이력이 있으면서 특정 게임을 하는 청소년이라는 매우 드문 사례를 든다. 그러면서 그 게임을 하지만 한 번도 폭력 행위를 저지르지 않은 다른 모든 청소년은 언급하지 않는다. 이것이 일화적 증거 편향이다. 뒤에 나올 2부에서 일화적 증거 편향에 대해 더 자세히 살펴볼 것이다. 지금 이 장에서 염두에 둘 점은, 인지 편향이 무엇인지, 그리고 그것이 우리가 깨닫지 못하는 가운데 의식에서 어떻게 형성되는지 제대로 이해하는 것이다.

직관 vs. 고찰: 생각의 두 가지 길

카너먼은 사람이 오류를 범하게 만드는 인지 편향을 이론화한 다음, 인간의 사고가 기능하는 이론적인 모형을 제시했다. 그가 제시한 가설은 우리에게 두 가지 사고 시스템이 있다는 것이다. 휴리스틱인 시스템 1은 직관적이고 빠르지만 편향에 빠져서 오류를 범할 위험이 있다. 고찰에 기초한 시스템 2는 논리적이고, 따라서 느리고 노력이 많이 들지만 더 신뢰할 수 있다. 예를 들어 나는 2 + 2를 계산할 때 시스템 1을 가동하지만 108 × 82를 계산하기 위해서는 시스템 2를 활용한다.

그리고 때로는 시스템 1에서 시스템 2로 넘어갈 필요가 있다. 크루아상 하나와 사탕 하나를 합한 가격이 1유로 10센트라고 가정해보자. 크루아상은 사탕보다 1유로 더 비싸다. 그렇다면 사탕의 가격은 얼마일까? 시스템 1에 근거해서 당신은 기계적으로 먼저 '10센트'라고 생각할 것이다. 그러나 시스템 2를 활성화하고 종이와 연필을 들고 계산하면, 처음에 직관적으로 한 대답이 거짓임을 알게 된다. 크루아상은 1유로 5센트고 사탕은 5센트다.

세상살이에 도움이 되는
빠른 생각의 미덕

카너먼과 트버스키는 고찰 모형(시스템 2)이 더 신뢰할 만하고 오류를 덜 저지르므로 직관 모형(시스템 1)보다 우월하다고 생각했다. 그러나 그들의 주장을 반박하는 학자 중 한 명인 게르트 기거렌처Gerd Gigerenzer에 따르면, 사람들이 일반적으로 생각하는 것과 달리 직관적인, 즉 편향적인 사고 체계가 시간이 오래 걸리는 추론보다 더 유용할 수 있다.[12] 어떤 상황에서는 시간을 너무 많이 들여서 깊이 생각하고 상황을 하나하나 지나치게 분석하면 제동이 걸리고 선택에 제약을 받는다. 정보가 많고 선택의 여지가 더 많을수록 선택이 더 힘들어지기 때문이다.

기거렌처에 따르면, 우리 뇌는 '적응형 도구상자'다.[13] 그는 다음과 같은 상황을 제시한다. 당신은 10만 명의 고객을 보유한 대기업의 사장이다. 이번에 '수동적인' 고객passive clients, 즉 당신 회사의 제품을 자주 구매하지 않는 고객들을 대상으로 광고 캠페인을 벌이려 한다. 그러려면 먼저 수동적인 고객들을 분류해내야 하는데, 이를 위해 복잡한 방법들을 총망라한 통계 모형을 사용할 수 있다. 그러면 당신은 각 고객이 미래에 당신 회사 제품을 구매할 확률값을 얻을 것이다. 하지만 그렇게 하지 않고, 정확도는 조금 떨어지지만 시간이 덜 걸리는 휴리스틱 방법, 즉 구매 간격을 판단 기준으로 사용할 수도 있다. 고객 목록에서 지난 9개월 동안 아무것도 구매하지 않은 고객 한 명을 골라서 그 고객이 수동적인 고객이라고 간주하는 것이다. 그런 다음 그 고객보다 더 오랫동안 제품을 구매하지 않은 사람을 전부 선택하면 된다. 당신이 광고의 대상으로 삼아야 하는 고객은 바로 그들이다. 이 경우에는 휴리스틱 방법이 더 빠르고, 통계적인 방법보다 효율성도 떨어지지 않는다. 당신이 비활동적인 고객에 대해 갖고 있는 생각에 들어맞는 고객 집단을 표적으로 삼을 것이기 때문이다.

최근에 이루어진 연구들은 카너먼의 가설에 미묘한 균열을 일으켰고,[14] 뇌가 카너먼이 제시한 이론보다는 덜 이분법적인 방식으로 기능한다는 점을 증명해주었다.[15] 카너먼의 모형을 반박하는 주요 논거는 해당 모형 자체가 이분법적 사고 오류라고 부르는 논리 오류*에 기초한다는 점이다. 사람은 선과 악, 왼쪽과 오른쪽, 뜨거움과 차가움 등 쌍으로 작용하는 것들에

---

* 논리 오류는 우리의 추론에 자주 영향을 미치는 또 다른 형태의 오류다. 논리적으로 보이지만 허위인 추론을 '궤변'이라고 부르는데, 다음은 궤변의 사례다. 마르크는 폭력적이고 머리가 검은색이다. 다비드는 폭력적이고 머리가 검은색이다. 따라서 머리가 검은색인 사람은 폭력적이다.

강하게 이끌리는 경향이 있다. 이원 체계는 서로 분명하게 대립하는 한정된 두 가지 현실로 축소하지 않으면 너무 복잡해서 파악하기 힘든 개념에 적용되는 모호성 감소 기제다. 그러므로 자연히 사람의 뇌도 '직관 대 고찰'이라는 이분법적 모델로 기능한다고 생각하게 된다. 그런데 사람의 뇌가 이분법적으로 기능한다는 생각을 뒷받침하는 경험적인 증거는 거의 없다.

이어진 몇몇 연구들로 기거렌처의 이론이 보강되었다.[16] 주어진 어떤 상황에서 '느리게 생각하면', 즉 겉보기에 신뢰도가 더 높고 정확한 시스템 2의 추론법을 적용하면, 선택의 타당성이 줄거나 선택으로 야기되는 만족감이 감소할 수 있다. 가령 당신이 식당에 갔는데, 당신과 함께 간 사람이 메뉴를 고르는 데 시간을 너무 많이 들이고 메뉴를 정했다가 여러 번 바꿨다 하며 간신히 주문한다. 반면에 당신은 처음부터 무엇을 먹을지 정했다. 당신은 주문한 다음에도 '대구보다는 가자미 요리를 고를 걸' 하고 계속 의심하는 친구보다 확실히 식사를 더 여유롭게 즐길 것이다.

게다가 시스템 2로 사고한다고 해서 항상 오류를 피할 수 있는 것도 아니다. 어떤 인지 편향은 시스템 2에만 영향을 미친다. 가령, 당신이 카지노에서 확률 게임을 하는데, 한창 이기고 있다고 해보자. 당신은 깊이 생각해본 다음에 지금 한창 운이 좋다고 추론하고 앞으로도 계속 운이 좋을 것이라는 결론을 내린다. 하지만 그럴 가능성은 무척 희박하다! 당신은 이미 낙관 편향에 사로잡혀 있다고 봐야 한다.

사람의 뇌는 이분법적이기보다는 다차원적인 방식으로 기능한다. 켜고 끄는 기능만 있는 전등 스위치보다는 단계적으로 조절할 수 있는 라디오의 볼륨에 가깝다는 얘기다.[17]

카너먼의 사고 모형은 그것이 인지 기능을 이해하도록 단순화시킨 추상적 개념이라는 사실을 염두에 두면 꽤 유용하게 활용할 수 있다. 그 모형은 우리가 그 이전에 사용하던 모형들보다 '덜 거짓less false'이기 때문이다. 다만, 그 모형을 100퍼센트 신뢰해서는 안 된다는 사실만 잊지 않으면 된다.

카너먼 모형의 부정확함에 대하여 새로운 질문들이 제기되었고, 이로써 우리는 그 모형을 더 정교하게 가다듬고 일부 측면에 반론을 제기하면서 우리의 추론에 대한 오차들을 줄이는 데 많은 진전을 이루어낼 수 있었다. 과학은 보정의 원칙을 따르기 때문이다. 과학적 방법의 메커니즘을 설명하고 실패의 미덕을 드러내 보임으로써, 정신적 유연성을 높이고 외부 환경이 매일 우리 뇌에 만들어내는 함정에 더 이상 빠지지 않을 수 있게 된 것이다.

※

그러므로 휴리스틱과 인지 편향의 함정을 무조건적으로 나쁘다고 간주하는 일은 피해야 할 것이다. 오늘날 학계는 인간의 합리적인 사고를 가로막는 인지 편향들에 큰 관심을 갖는다. 그 예로 앞서 말한 확증 편향과 신념 편향이 있고, 2부에서 다룰 부정성 편향, 자기 본위적 편향, 알고 있다는 환상 편향, 학습된 무기력 편향이 있다. 그러다 보니 사람의 모든 행태를 바로잡아야 할 일련의 오류 목록으로 일축하는 일이 자주 생긴다. 국가적인 차원이나 세계은행에서조차 '탈편향debiasing'을 권장하는 것이 그 중거다.[18]

그렇지만 앞서 살펴보았듯이 인지 편향은 불변하는 것이 아니며, 절대적으로 긍정적이거나 부정적이지도 않고, 여러 요인에 의해 좌우되는 특징을 가지고 있다. 즉 인지 편향은 '맥락'에 따라 다르다. 그러므로 그러한 편향을 무조건 없애려 하기보다는 어떤 인지 편향이 어떤 상황에서 왜 생기는지를 아는 일이 우리에게 더욱 유익하다고 하겠다.

2부

나의 뇌, 타인의 뇌 그리고 세상

/
4
/

인간에게 가장 필요한 친구이자 적, 스트레스

우리는 너무 풍족하게 지내느라 심리적·사회적 스트레스 때문에 병에 걸리는 호사를 누린다.

로버트 새폴스키 Robert Sapolsky, 미국의 학자

        스트레스는 오늘날 인간이 겪는 모든 고통의 원흉으로 간주된다. 2013년에 EU가 실시한 어느 연구에 따르면, 유럽에서 스트레스와 관련하여 들어간 비용이 6,170억 유로로 추정되고, EU 국가에서 일하는 임금 노동자의 25퍼센트가 스트레스를 겪었다고 한다. 이는 엄청난 수치인데, 그 비율은 이후로 계속 증가해오고 있다.[1]

스트레스는 오랫동안 노출되었을 때 인간의 신체 및 정신

건강에 여러 해로운 영향이 미친다. 불안하고 우울해질 수 있으며, 수면 장애와 등의 통증, 소화 장애가 생기고, 면역 체계가 약해지고 궤양이 생긴다. 스트레스는 심리에도 영향을 미쳐서, 모호성을 감소하는 방식과 일관성에 변화를 일으키고 여러 부정적인 편향이 생기게 만든다. 다시 말해, 스트레스를 받으면 우리는 뇌가 우리 뜻을 거슬러 작용한다고 느낀다.

또한 스트레스는 사람이 모순된 행동을 하도록 하는 데도 영향을 미친다. 왜 수능 전날에 쉽게 잠을 이루지 못할까? 잠을 푹 자면 좋을 텐데 말이다. 많은 사람 앞에서 한창 발표를 하는 도중에 왜 갑자기 할 말을 까맣게 잊을까? 그때까지 집중해서 말을 잘하고 있었는데 말이다. 중요한 결정을 내려야 할 때면 어째서 편두통에 시달릴까? 스트레스를 일으키는 소식을 들으면 왜 입맛이 떨어질까? 달리 말해서, 스트레스 반응이 생길 때 뇌는 어째서 우리 몸을 뒤죽박죽으로 만드는 걸까?

하지만 사실 알고 보면 스트레스는 우리의 생존을 위해 뇌가 발동시키는 긍정적인 기제다. 그렇다면 생존에 꼭 필요했던 메커니즘은 어쩌다 그리고 왜, 현대인들에게 고통을 주는 원흉으로 바뀌게 된 걸까? 지금부터 이에 대해 살펴보도록 하자.

우리가 살아남은 것은
모두 스트레스 덕분이다

당신이 지금 열대 초원에서 얼룩말 한 마리를 살그머니 쫓아가고 있는 원시인이라고 상상해보자*. 얼룩말은 느긋하게 풀을 뜯어먹으며 들판을 거닌다. 지금 얼룩말의 스트레스는 제일 낮은 수준이다. 그러던 중 얼룩말이 저 멀리 있는 배고픈 암사자를 발견한다. 그 즉시 얼룩말의 스트레스는 치솟는다.

미국의 과학자 칼 프리브람Karl Pribram은 모든 동물은 생존에 필요한 네 가지 본능을 가진다는 가설을 제시한 바 있다.[2] 그는 그 본능에 4F라는 이름을 붙였는데, Feeding(먹기), Fucking(짝짓기), Fighting(싸우기, 투쟁), Fleeing(도망치기, 도피)의 각 앞 글자를 딴 것이다. 여기에서 우리가 주목해야 할 부분은 싸우거나 도망치려는fight or flight 반응이다. 이것이 척추동물이 스트레스에 반응하는 첫 단계에 해당하기 때문이다(이를 일반적으로 '투쟁-도피 반응'이라고 부른다).

얼룩말은 암사자를 보면서 스트레스의 최대치에 도달한다.

---

* 로버트 새폴스키와 그의 저서 《스트레스》Why Zebras Don't Get Ulcers, 얼룩말은 왜 위궤양에 걸리지 않을까에 경의를 표하는 바이다.

얼룩말의 교감 신경계가 무의식적으로 반응해서 심박수와 호흡수, 근육 수축도가 높아진다. 이는 도망치거나 싸워야 할 때 필요한 반응이다. 반면에 얼룩말의 소화 기능과 면역 체계, 성욕은 당장 살아남기 위해서 억제된다. 얼룩말이 지닌 모든 자원은 '살아남는다'는 단 하나의 목표에 동원된다. 얼룩말이 암사자를 보고도 가만히 있는다면 아마도 오래 살아남지 못할 것이다.

암사자도 얼룩말을 보며 스트레스의 최대치에 도달한다. 하지만 암사자의 스트레스는 굶어 죽을지 모른다는 두려움이다. 그래서 암사자는 얼룩말을 붙들어 잡아먹기 위해 온 힘을 다해 뛴다.

이렇게 스트레스는 모든 척추동물에게 가장 중요한 기능으로 '생존'을 우선시한다. 만일 당신이 죽을 위험에 처하면, 소화나 성욕, 병원균 퇴치에 에너지를 쓰는 것은 아무런 소용이 없는 일이다. 대신, 근육 계통에 모든 에너지를 쏟아야 한다. 또 하나 주목해야 할 점은 동물들에게서는 정점의 스트레스 상태가 그리 오래 지속되지 않는다는 점이다. 일단 위험이 지나가고 나면 부교감 신경계(교감 신경계와 함께 자율신경계의 한 축으로, 억제 기능을 한다)가 바통을 이어받아 모든 것을 정상으로 되돌려놓는다.

이제 얼룩말이 나오는 장면을, 아직 정착 생활을 하기 전인 우리의 선조 호모사피엔스사피엔스에게 적용해보자. 그들은 우리와 똑같은 생물학적 체계와 뇌 능력을 지녔기 때문이다. 호모사피엔스사피엔스가 느긋하게 야생 열매를 따는 중이라고 상상하자. 그때 갑자기 어디선가 잎사귀가 사각거리는 소리가 들린다. 이 소리는 모호한 쌍안정 자극으로서 두 가지로 해석할 수 있다. 포식 동물이 다가오는 소리거나, 잎이 바람에 흔들리는 소리다. 그의 뇌는 '포식 동물' 옵션을 선택한다. 그러면 뇌는 스트레스 반응을 일으켜서 당장 살아남기 위해 신경계를 동원한다. 근육이 수축하고 호흡이 가빠진 그는 열매 따는 일을 멈추고 살아남기 위해서 최대한 빨리 도망친다. 그게 결국 바람 소리였다면, 쓸데없이 달리느라 열매를 잃고 땀에 흠뻑 젖었지만 어쩔 수 없는 노릇이다.

만일 그가 두 번째 옵션을 택해서 잎사귀가 바람에 흔들리는 소리라고 생각하고 계속 열매를 딴다면, 굶주린 포식 동물에게 잡아먹힐 위험이 있다. 당연히 두 개의 옵션 중 첫 번째가 두 번째에 비해 진화에 훨씬 유리하다. 그래서 사피엔스사피엔스는 잡아먹힐 위험을 감수하기보다는 과잉 반응을 보이는 편을 택한다. 살아남아서 우리가 선조라고 부를 수 있는 이들은 위험 신호를 무시하기보다는 실제로 위험한 상황이 아니었더라도 위험하다고 간주하고, 잡아먹힐 위험을 감수하느니 스트레스 반응을 일으키는 편을 택한 이들이다. 그게 결국 아무 소용이 없었더라도 말이다.

그럼 이번에는 우리의 선조 호모사피엔스사피엔스가 동굴 속에서 잠잘 준비를 하고 있다고 상상해보자. 누워서 자려는데 멀리서 스라소니의 번쩍이는 두 눈이 어렴풋이 보인다. 그는 이제 차분하게 잠에 들 수가 없다. 그는 경계 태세를 취하고, 밤새도록 선잠을 자며 작은 소리에도 일어나 스라소니가 가까이 다가오지 않았는지 확인한다.

똑같은 상황에서 이번에 그는 혼자 동굴에 있지 않고, 스라소니를 직접 보지도 못했다. 하지만 같이 있던 사피엔스사피엔스 한 명의 얼굴에서 스트레스를 감지한다. 스라소니를 직접 보지 못했어도 동료에게서 위험 신호를 읽은 그는 필요하면 당장 달아날 수 있도록 미리 스트레스를 받을 것이다. 이처럼 스트레스가 전파되는 현상은 위험이 존재하는 모든 맥락에서 매우 유용한 사회적 신호다.

30만 년에 이르는 기간 동안, 인류는 이런 식으로 자신의 생존이 위협받을 수 있는 모호한 상황에 처하면 거의 기계적으로 스트레스 반응을 일으키도록 조건화되어왔다.

21세기를 살지만 우리는 여전히
호모사피엔스일 뿐

그러므로 스트레스는 신체적 위험에 직면하는 때에 나타나는 생리적 반응으로, 수천 년 동안 인류가 이동하고 적대적인 환경에서 최대한 스스로 잘 보호하고, 살아남고, 진화하게 해주었다고 볼 수 있다. 하지만 인류는 진화의 어느 단계에 정착 생활을 시작했고, 그러면서 가까이 있는 포식 동물이 주된 위험이던 생활양식에서 위험이 대체로 덜 즉각적이고 덜 신체적인(카드대금 만기일, 가난, 과로, 대중 앞에서 말하기 등) 현대적인 생활양식으로 옮겨오게 되었다. 다시 말해, 오늘날 우리가 맞닥뜨리는 위험은 대부분 심리적이다. 누군가 당신에게 무엇 때문에 스트레스를 받느냐고 물으면, 당신은 굶주린 스라소니라고 답하지 않을 것이다. 그보다는 쌓여가는 청구서나 세금, 직장 상사 따위라고 답할 것이다.

생물 진화의 척도에서 보면 이러한 생활양식의 변화는 비교적 빠른 속도로 이루어졌다. 그런 까닭에 스트레스 반응은 인류가 처한 위험의 양상 변화, 즉 신체적 위험에서 심리적 위험으로 변한 상황에 '적응'할 시간이 없었다. 결국 인간은 스트레스 상황에서 변화된 환경에 더 이상 적합하지 않은 과거의 도구들을 그대로 가져다 사용하기 시작하는 것이다.

다음 상황을 상상해보라. 당신은 회의 때 당신의 능력을 한껏 발휘할 수 있는 혁신적인 아이디어가 담긴 발표를 사장 앞에서 하기로 결심했다. 그런데 그 발표를 하려는 순간에 스트레스를 받으면 당신의 뇌는 '투쟁-도피' 기제를 발동한다. 그래서 심장이 빠르게 뛰고 근육이 팽팽히 수축한다. 하지만 당신은 도망치려는 것도, 사장과 한판 붙으려는 것도 아니다. 당신한테 중요한 일은 발표를 성공적으로 잘하는 것이다. 그런데 뇌의 입장에서는 그 상황이 마치 포식자가 주위에서 어슬렁거리는 것과 같다. 갑자기 몸 안의 모든 자원이 당장 살아남는 데 순간 총동원되므로, 몇 분 전에 뇌에게 가장 중요하던 것이 더 이상은 중요하지 않게 된다. 그렇게 당신은 갑자기 하던 말을 까먹고 알던 사실을 까맣게 잊어버린다.

동물이나 호모사피엔스사피엔스가 포식 동물을 보고 투쟁-도피 반응을 보이는 것은 순간적이고 짧은 일이었지만, 21세기를 사는 현대인에게 스트레스는 지속적으로 자리 잡을 수 있다. 하지만 우리 몸은 그렇게 만들어져 있지가 않다. 당신의 뇌가 몇 달 동안 조금도 쉬지 않고 포식 동물의 공격을 끊임없이 막아내야 한다고 상상해보라. 뇌는 완전히 지쳐 떨어질 것이다. 우리의 신체는 강렬한 스트레스를 짧은 시간 동안 견디도록 만들어져 있다. 사람의 몸은 끊임없이 계속해서 경계 태세를 취할 수 없다. 달리 말하면, 만성적인 스트레스 상태에 놓일 수 없는 것이다. 그런 상황에 처하면 우리 몸은 결국 자포자기하고 '번아웃burn-out', 즉 탈진 상태에 빠진다.

스트레스가 생활 기능과 교감 신경계에 미치는 영향을 보면, 어째서 번아웃 상태에 빠진 사람이 꿈쩍도 하지 못하고 자리에 눕는지 더 잘 이해할 수 있게 된다. 그래서 심한 스트레스를 받고 있는 사람에게 마음을 차분히 가라앉히라고 말하는 건 아무 소용이 없다. 그 사람의 뇌가 지금 그에게 죽을 위험에 처했다고 말하고 있기 때문이다. 내가 차분해지라고 충고한다면 그건 곧 "됐어, 살아남으려는 일은 이제 좀 그만둬!"라고 말하는 것이나 다름없다.

그럼에도 치솟는 스트레스의 해로운 영향을 조금은 완화하는 기법들이 존재한다. 그중에서 명상이나 요가, 스트레칭, 심박 안정 호흡법cardiac coherence, 운동 등이 효과적이다. 느리게 호흡하면 투쟁-도피라는 원초적인 반응이 완화된다. 근육은 이완되고, 심장은 정상 박동수를 되찾고, 신체적으로 스트레스를 덜 받는 상태가 된다. 몸을 이완하면 뇌는 스트레스를 일으키는 상황이 띠는 모호성을 줄여서 불안을 덜 일으키게 만든다. 스트레스를 받을 때 뇌에 전달되는 정보는 "이 회의는 극도로 중요해. 그렇지 않다면 내 몸이 왜 이렇게 경계 태세를 취하겠어?"다. 만약 당신이 의식적으로 몸을 '이완'하면 당신의 뇌는 그보다는 다음처럼 생각할 것이다. "몸이 이렇게 이완되는 걸 보니 진짜로 위험하지는 않은 모양이군." 이러한 기법들은 신체 역학에 기반을 둔 것으로, 기氣를 동원하거나 신비주의적인 방법이 아니다. 당신의 투쟁-도피 반응을 완화함으로써 스트레스를 감소시키고, 더 나아가 불안을 줄이는 것이다.

스트레스와 불안이
우리의 삶을 갉아먹을 때

우리는 스트레스와 불안을 마치 동의어처럼 사용하는 경향이 있는데, 사실 이 두 용어는 그 성격이 서로 약간 다르다. 스트레스에는 식별해낼 수 있는 분명한 원인이 있고, 그 원인이 사라지면 스트레스가 줄어든다. 가령, 당신이 시험 때문에 스트레스를 받는다면, 시험이 끝났을 때 긴장이 풀릴 것이다. 반면에 불안에는 특정한 대상이 없다. 그래서 무한정 지속될 수도 있다. 어떤 불안은 애초에 원인이 아예 없기도 하다. 즉, 왜 그런지 모른 채 불안할 수 있다.

스트레스와 불안은 세상에 대한 모호성을 줄이는 방법에 영향을 미치고, 그에 따라 우리가 지니는 편향에 영향을 미친다.

여러 연구에 따르면, 불안도가 높은 사람은 그렇지 않은 사람보다 어떤 단어들의 모호성을 줄일 때 이를 더 부정적인 방식으로 수행한다.[3] 불안한 사람에게 영어로 머그$_{mug}$라는 단어가 무슨 뜻이냐고 묻는 상황을 가정해보자. '머그'에는 몇 가지 뜻이 있는데, 중립적인 의미로는 '머그잔', 그리고 부정적으로는 '공격하다'라는 뜻도 담고 있다. 불안한 사람은 이 질문을 받으면 그 단어가 '공격하다'를 뜻한다고 대답하는 경우가 더 많다. 이를 해석 편향interpretation bias이라고 부른다.

주의 편향attention bias은 또 다른 유형의 불안 장애인 공포증을 겪는 사람에게서 나타난다. 거미 공포증 환자는 주변에 거미가 있을 경우, 그 사실을 보통 사람보다 훨씬 빨리 알아차린다. 그리고 거미를 발견한 순간부터, 거미가 움직이지 않았는지 확인하느라 그쪽을 계속 힐끔거린다. 이를 흔히 강한 경계심에서 비롯된 보고 싶지 않지만 계속 보게 되는 모순된 시선 반응(끌림-혐오 패턴)이라고 부른다.

스트레스와 불안 장애는 인간관계를 악화시키는 주된 원인이 되기도 한다. 우리는 불안하면 번번이 부정적인 방식으로 모호성을 감소시키기 때문이다. 대표적으로 사회 공포증의 경우를 살펴보자. 사회 공포증은 사람들 앞에서 말하는 일부터 가게에서 항의하는 일, 식당에서 물을 달라고 요청하는 일에 이르기까지 다양한 상황에서 지나치게 두려움을 느끼는 심리적 질환이다. 사회 공포증을 겪는 사람은 그러한 상황들에 대해 부정적인 해석 편향을 지녀서, 실제로는 그렇지 않은데도 타인의 이런저런 행동이나 말에 평균 이상으로 더 부정적인 의도가 담겼다고 여긴다.[4] 그들은 특히 사람들의 시선을 그렇게 해석하면서 거기에 거의 매번 부정적인 판단이 담겼다고 느낀다.

필자가 연구팀과 함께 실시한 다음의 실험을 살펴보자. 우리는 사회 공포증에 시달리는 몇몇 사람에게 다양한 감정(혐오, 기쁨, 놀람, 슬픔)을 표현하는 남녀의 얼굴 사진을 화면으로 연속해서 보여주었다. 사회 공포증을 겪지 않는 사람들에게도 같은 방식으로 사진을 보여줬다. 그런 다음 시선 추적기를 사용해서 두 유형의 사람들이 화면에 제시된 얼굴을 어떤 방식으로 탐색하는지 관찰했다.[5]

그 결과 공포증에 시달리는 사람의 시선은 얼굴을 전체적으로 빠르게 훑은 다음, 금세 눈으로 향했다가 다시 얼굴 아래쪽에 한참 머문 다음, 슬그머니 다시 눈 쪽으로 돌아간다는 점이 확인되었다. 반면에 공포증을 겪지 않는 사람들은 얼굴을 역삼각형으로, 즉 눈에서 입 쪽으로 향해가며 탐색했다(이는 정상적인 탐색 과정에 해당한다). 공포증 환자들에게 다른 사람의 시선은 거미 공포증에 시달리는 사람이 거미를 봤을 때 보이는 것과 똑같은 끌림-혐오 및 과다 경계 반응을 일으킨다.

사회 공포증은 예측 불안의 한 형태로서, 그것을 겪는 사람을 고립시키고 비사회적으로 만든다. 당신이 사회 공포증을 보이는 경향이 있는데, 직장 동료들과 한잔하는 자리에 초대받거나 여러 사람 앞에서 연설하라는 요청을 받았다고 해보자. 당신은 그 상황이 분명 위험할 거라고 미리 예측함으로써 모호성을 줄일 것이다. 그러면 그 상황이 벌어지기 며칠 전부터 당신 안에서는 투쟁-도피 기제가 발동되고, 당일이 되면 해당 상황이 너무 위험하다고 판단해 약속 자리에 가지 못한다. 당신은 상황을 회피함으로써 이미 겪던 고립을 더 심하게 만들고, 따라서 공포증을 강화할 위험이 있다. 이는 진정한 악순환이다.

우리는 다양한 수준에서 여러 형태의 불안을 느낄 수 있는데, 이는 인간관계에도 영향을 미친다. 어떤 특정 인구 집단, 가령 특정 민족이나 인종을 두려워하는 사람은 해당 인종의 행동을 부정적 해석 편향에 따라 해석할 위험이 있다. 예일 대학교 연구진들은 학교에서 흑인 아동들이 백인 아동들보다 더 자주 수업에서 쫓겨난다는 사실에 주목했다.[6] 연구진은 초등학교 교사 몇 명을 만나서 왜 그런지 물었다. 교사들은 '피부색'과 '교실에서 쫓겨남' 사이에 보이는 상관관계는 순전한 우연에 불과하다고 말하면서 자기가 인종 차별주의적인 선입관을 가졌다는 사실을 강하게 부인했다.

뒤이어 연구자들은 그 교사들에게 교실에서 놀고 있는 학생들을 찍은 동영상을 보여주었다. 그리고 그들에게 동영상에 나오는 아동들이 '문제 행동'을 보이는지 살펴보라고 요청했다. 연구자들은 시선 추적기를 사용해서 교사들이 백인 아동보다는 그들이 문제아와 더 많이 연관 짓는 흑인 아동을 더 오랜 시간 관찰한다는 사실을 밝혀냈다. 교사들은 실험의 결과를 듣자, 그때까지 자기가 교실에서 흑인 아동에 대하여 편향적인 태도를 취한다는 사실을 깨닫지 못했다고 말했다.

또 다른 연구팀은 다양한 출신과 연령의 백인과 흑인 남자들의 사진을 실험 참가자들에게 보여주었다.[7] 사진 속 남자들 중 일부는 피험자들을 향해 총을 겨누고 있었고 나머지는 그러지 않았다. 참가자들 앞에는 버튼이 하나 있었는데, 그들은 사진에 총을 든 남자가 나올 때마다 버튼을 누르고, 총을 들지 않았으면 아무 행동도 하지 말라는 지시를 받았다.

실험 결과, 참가자들은 총을 든 사람이 흑인일 때 백인인 경우보다 더 빨리 버튼을 눌렀다. 총을 든 흑인을 보고 인지되는 위험은 참가자들의 피부색과도 아무 상관이 없었다. 즉 모든 참가자가 총을 든 흑인을 봤을 때 스트레스 기제를 더 빨리 활성화했다. 손에 든 무기가 아니라 그 사람의 피부색으로 불안을 야기하도록 은연중에 조건화된 편향 때문에 모호성이 다른 방식으로 감소됐던 것이다. 이는 흑인이 백인보다 더 위험할 것이라는 사회적 편견이 미국에 존재함을 나타낸다.

스트레스 신호를 알아채고
완화시키는 법

앞으로 당신이 어떤 상황을 부정적으로 해석하는 경우, 또는 누군가에 대하여 부정적인 견해를 가지게 되는 경우가 생기면, 자신이 지금 '긴장'한 상태는 아닌지 자문해보라. 턱에 힘이 들어가고 심장이 더 빨리 뛰는 것은 스트레스 상태임을 보여주는 명백한 신호다. 그 사실을 알아차렸다면 자신의 그 느낌에 대하여 비판적으로 거리를 두고서 해석이나 판단을 조정할 수 있을 것이다.

사실 이러한 신호들은 대체로 알아채기가 힘들다. 우리의 스트레스 기제가 너무 빨리 발동되기 때문이다. 반면에 어떤 상황을 예측해서 스트레스가 유발되는 경우에는 그 기제를 감지하기가 조금 더 쉽다. 그래서 성급한 해석을 조절해서 바로잡을 여지가 더 많다. 예를 들어, 내가 곧 시험을 보기 때문에 스트레스를 받는다는 사실을 알면, 미리 이완 체조를 함으로써 시험 당일에 더 차분해질 수 있을 것이다.

※

인류가 너무 빨리 생활양식의 변화를 이루어낸 탓에 스트레스를 비롯한 신체의 '원초적인' 일부 기제들은 오늘날의 현실에 전혀 들어맞지 않는다. 어쨌거나 아직까지는 말이다. 앞으로 몇 세기 혹은 몇천 년이 더 지나 미래의 인류가 스트레스에 대응하는 방식이 어떻게 변화할지 알아본다면 무척 흥미로울 것이다. 그때까지는 우리가 스트레스에 대하여 보이는 반응을 더 잘 해석하고 예측해서 가능하면 그러한 반응을 보이지 않도록 훈련하는 것이 최선이다. 그 반응이 우리가 타인 그리고 세상과 맺는 관계를 결정짓고, 우리의 생각과 믿음에 영향을 미치기 때문이다.

/ 5 /

확신이라는 이름의 환상

이것 봐, 이 지구상에서 끔찍한 일이란 말이지, 모든 사람한테 자기만의 이유가 있다는 거야.

영화 〈게임의 규칙〉

당신이 유전자 변형GMO 식품의 위험에 관심이 있고 그것이 건강에 나쁘다고 생각한다고 가정해보자. 만일 누군가 당신에게 GMO 옥수수와 유기농 옥수수 중에서 하나를 선택하라고 하고 그 둘의 가격이 똑같다면, 당신은 당연히 유기농 옥수수를 택할 것이다. 그렇다면 이번에는 누군가 당신에게 GMO 식품이 건강에 나쁘다는 증거가 현재로서는 전혀 없다는 기사를 구해서 가져다준다고 상상해보라. 당신은 십중팔구 그 글을 대충 읽거나 아예 읽지 않을 것이다. 그 글에서 주장하는 생각이 당신의 생각과 정반대이기 때문에 읽기도 전에 그 내용을 미리 거부해버리기 때문이다.

그런데 실제로 지금까지 유전자 변형 식품이 건강에 해롭다는 사실을 증명하는 확실한 연구는 한 개도 발표된 적이 없다. 농업이 존재한 이후로 인간은 과일과 야채의 종을 열심히 교잡시키며 유전적으로 변화시켜왔다. 조반니 스탄키Giovanni Stanchi*의 유명한 회화 작품에는 씨가 가득한 수박이 등장하는데, 과육이 빨갛지 않고 희끄무레하며 6등분되어 있는 모양이다. 이 17세기의 수박은 현재 우리가 먹는 수박과 매우 다른데, 그때는 지금과 같은 품종 개량이 이루어지지 않았기 때문이다. 오늘날 유전자 변형이 문제시되는 이유는 몬산토Monsanto 같은 다국적 기업이 제품을 개발하는 방식과 그 과정에서 벌어지는 생물 다양성 침해 때문이다.

당신이 만일 위에서 말한 기사를 차분하게 시간을 들여서 읽었다면, GMO에 관한 논쟁을 새로운 관점에서 보도록 시야를 넓혔을 테고, 어쩌면 당신이 갖고 있던 견해를 재검토하고 수정했을지도 모른다. 다시 말해서 당신의 정신이 더 유연해졌

---

* 17세기 이탈리아의 화가로 정물화가 유명하다.—옮긴이

을 것이다. 하지만 당신은 최초의 믿음을 고수하며 맹목적인 태도를 보였다.

여기에서 내가 말하고자 하는 바는 GMO를 옹호하느냐 반대하느냐가 아니다. 이 사례를 살펴봄으로써 '동기화된 추론'에 관심을 갖고 그 편향이 가진 위험을 알아보고 피하는 것이다.

동기화된 추론이란 자기가 이미 갖고 있던 생각과 일치하는 생각을 우선적으로 믿으려 하는 편향이다. 앞서 GMO 사례에서 알 수 있듯이 우리는 내가 중요하다고 생각하는 어떤 주제를 대할 때 마치 의뢰인의 무죄를 확신하면서 그 사람을 무조건 옹호하려고 온 힘을 다하는 변호사처럼 행동한다. 이때 우리는 선입견에 따라 '동기화된' 추론을 한다. 하지만 그보다는 주어진 단서들을 하나씩 따라가면서 단단히 구축된 답에 이르는 판사나 형사처럼 행동하는 방법을 배우는 것이 좋다. 즉, 연역적으로 추론하는 태도를 취해야 한다. 우리가 갖고 있는 믿음을 무조건 모두 거부하라는 말이 아니라, 가끔은 그 믿음과 거리를 두고서 그와 조금 다르거나 반대되는 주장도 함께 검토하는 태도를 취하라는 것이다.

동기화된 추론:
우리는 진실을 선택한다

조지 W. 부시George W. Bush와 존 케리John Kerry가 맞붙었던 2004년, 애틀랜타 대학교의 심리학 및 정신의학 교수인 드루 웨스턴Drew Westen은 특히 정치적인 맥락에서 우리가 동기화된 추론을 하면 자기 믿음과 일치하는 의견이 진실하다고 더 쉽게 믿고, 자기 믿음을 반박하는 의견에는 저항하는 경향이 있음을 증명해 보이려 했다.[8]

웨스턴은 선거 운동에 매우 열심히 참여하는 사람 서른 명을 불러 모았다. 그중에서 열다섯 명은 민주당을 지지했고 나머지 열다섯 명은 공화당을 지지했다. 실험은 세 단계로 이루어졌다. 웨스턴은 먼저 그 사람들에게 선거에서 중요한 주제, 가령 중동 전쟁 같은 어떤 주제에 대해 부시가 발표한 말을 읽은 다음, 그 말을 부시가 스스로 반박하는 다른 담화를 읽어주었다. 케리에 대해서도 똑같이 했다. 그가 자연 보호에 관하여 한 말을 읽고, 그와 정반대되는 케리의 다른 담화를 읽어주었다. 끝으로, '중립적인' 인물(배우나 운동선수)이 한 어떤 말, 그리고 그가 한 모순된 다른 말을 읽어주었다.

그런 다음 웨스턴은 실험 참가자들에게 그 모순되는 말들의 심각성이 어느 정도인지 결정해보라고 요청했다. 그 결과, 민주당원들은 부시가 한 모순된 발언이 케리의 모순된 발언보다 훨씬 더 심각하다고 생각했고, 공화당원들은 반대로 케리의 발언이 더 심각하다고 판단했다. 정치적으로 '중립적인' 인물에 대해서는 민주당원과 공화당원 모두 그 심각성이 중간 정도라고 판단했다. 웨스턴은 그와 동시에 실험 참가자들의 뇌 활동을 기능성 자기공명영상fMRI으로 기록했다. 그 결과, 민주당원들과 공화당원들이 정치인에 대해 말할 때와 중립적인 인물에 대해 말할 때 뇌의 서로 다른 영역을 사용했음을 알 수 있었다. 이 결과는 동기화된 추론과 중립적인 추론 사이에 '질적으로' 서로 다른 신경 회로가 존재함을 증명한다. 다시 말해, 어떤 대상이나 주제에 정서적인 애착이 있을 때와 없을 때 뇌가 서로 다르게 작동한다는 뜻이다.

대부분의 경우 우리가 하는 추론은 보편적이고 논쟁의 여지가 없는 주제를 다룰 때조차도 우리의 문화적 배경과 경험, 신념에 영향을 받는다. 예를 들어 근친상간 같은 도덕적 주제를 다룰 때에 그렇다. 우리는 왜 혐오를 느끼는지 그 이유를 설명하지 못한 채 거의 반사적으로 근친상간을 비난한다. 뉴욕에서 도덕 및 윤리 문제를 연구하는 학자인 조너선 하이트Jonathan Haidt는 이 사실을 증명하고자 다음과 같은 실험을 했다.[9] 그는 사회심리학자 동료들을 몇 명 모아놓고 다음의 상황을 설명했다.

줄리와 마크는 남매인데, 여름 방학에 함께 여행을 떠난다. 어느 밤, 두 사람은 단둘이 바닷가에 있는 통나무집에 있다가 성관계를 가지면 재미있을 거라고 생각한다. 줄리는 피임약을 먹고 있지만 그래도 마크는 줄리가 임신하지 않도록 콘돔을 사용한다. 두 사람은 모두 성관계를 즐겼지만, 다시는 잠자리를 함께 하지 않기로 한다. 두 사람은 그날 밤 일을 비밀로 간직하기로 하고, 이를 계기로 두 사람의 관계는 더욱 돈독해진다. 하이트는 이야기를 들려준 다음에 이 상황에 대해서, 그리고 줄리와 마크가 전혀 후회하는 않는 것에 대해서 어떻게 생각하느냐고 동료들에게 묻는다. 이에 대해 동료들은 모두 "도덕적 경악" 반응을 보였다. 모두가 그 상황이 혐오스럽고 비난할 만하다고 생각했다. 하지만 그 누구도 그에 대한 도덕적인 이유를 대지는 못했다. 한마디로 이들은 '동기화된 도덕 motivated morals' 상황에 빠져 있었던 것이다.

팔로우와 알고리즘
그리고 확증 편향

이렇게 세상을 동기화된 방식으로 인지하는 일은, 반대되는 의견에 마음을 열고 받아들이려 노력하지 않으면 때때로 위험할 수 있다. 그러므로 우리는 모호성 감소 기제들에 대하여 경계를 게을리해선 안 된다. 우리가 주관적으로 애착을 갖는 주제에 대해서라면 더욱 그렇다.

소셜 미디어와 24시간 뉴스가 송출되는 시대에 사는 우리는 거의 모든 주제에 대하여 엄청나게 많은 양의 정보를 접한다. 그중에서 우리가 하는 추론에 동기를 부여하고 우리 믿음을 강화할 무언가를 찾아내기란 쉽다. 그러나 우리는 거기에서 한발 더 나아가 나와 비슷한 생각을 하는 사람들을 '팔로우'하고 그들의 게시물과 소식을 우선적으로 살펴본다. 이로써 우리 신념은 더욱 강화되기에 이른다.

이런 식으로 '끼리끼리 소통'이 형성된다. 특히 정치나 종교, 채식주의, GMO 식품, 노란 조끼 운동* 등 이념적으로 매우 분명한 주제들이라면 그 정도가 더 심하다. 이는 사회를 더 양극화시키고, 우리의 정신적 유연성을 약해지게 만든다. 다시 말해서, 우리가 기존에 갖고 있던 의견을 바꾸는 능력 및 새로운 정보를 가능한 편향되지 않게 통합하는 능력을 감소시킨다. 내가 만일 노란 조끼 운동을 지지한다면 경찰의 폭력만 눈에 보일 것이고, 내가 지지하는 시위대의 사람들도 때론 폭력을 저

---

* 2018년에 프랑스에서 벌어진 대규모 반정부 시위.—옮긴이

지른다는 사실을 무시해버릴 것이다. 반대로, 내가 노란 조끼 운동에 반대한다면 파괴자*와 시위대원이 저지르는 폭력에 집중하면서, 시위를 하는 사람 대부분이 평화적이고 가끔은 경찰이 더 폭력적이라는 사실은 보려 하지 않고 무조건 그 운동을 비난할 것이다.

어떤 정보가 우리가 지닌 믿음을 뒷받침하면, 우리는 그 정보가 진짜인지 아닌지 알아보려는 노력을 거의 기울이지 않는다. 더 나아가 그 정보를 남들과 공유하면서 '가짜 뉴스'일지도 모를 정보들을 퍼뜨린다. 내가 지구 온난화를 믿지 않는다고 가정해보자. 기후와 날씨가 같은 개념이라고 생각하기 때문이다. 그렇다면 나는 도널드 트럼프가 2019년 2월 10일에 민주당 의원인 에이미 클로버샤Amy Klobuchar를 두고서 "나라가 한창 겨울 폭풍으로 힘들어하고 있는데 지구 온난화에 맞서 싸운다고 자랑스럽게 말하다니, 타이밍이 적절하지 않다!"라고 그녀를 비난한 글을 리트윗할 가능성이 크다. 가짜 뉴스는 애초에 여론을 조작하고 왜곡된 정보를 전달하려는 목적으로 만들어지는 경우가 많지만, 가짜 뉴스를 퍼뜨리는 사람들은 대부분 그 내용이 진짜라고 믿고 자기가 이로운 정보를 제공한다고 생

---

* 복면으로 얼굴을 가리고 시위대를 쫓아다니며 기물을 부수는 무리.—옮긴이

각하는 진실한 사람들이다. 이렇게 우리의 생각과 견해, 믿음을 확증해주는 정보들만을 선별하는 경향은 매우 널리 퍼져 있는 인지 편향 중 하나인데, 이를 '확증 편향'이라고 부른다. 정치나 종교에 관한 내용뿐 아니라, 가령 별자리 같은 상대적으로 가벼운 주제에서도 확증 편향이 작용하곤 한다. 우리는 우리가 믿는 것, 특히 '믿고 싶은 것'을 확증하는 요소들에 집중하고, 우리와 관련이 없거나 맘에 들지 않는 것은 무시한다.

이러한 편향들, 즉 뇌가 우리에게 파놓는 함정들을 똑똑히 알고 있으면 매우 유용하다. 하지만 이러한 편향들에는 긍정적인 측면도 있으며 우리가 다른 사람들과 더 좋은 방식으로 관계를 맺게 해주는 경우가 많다는 사실을 잊어서는 안 된다. 가끔 우리는 선택 편향 덕분에 가까운 사람들과 싸웠거나 힘들었던 순간보다는 그들과 함께 보낸 기분 좋은 순간들을 더 오래 기억한다. 마찬가지로, 친구가 전화를 걸어오고 당신이 "마침 너를 생각하고 있던 중이야"라고 말할 때, 우리 안의 확증 편향은 친구 생각을 했지만 전화를 하지 않았던 다른 모든 순간을 잊어버리게 만든다. 만약 이러한 편향들이 없었다면 우리는 인간관계를 맺기가 더 힘들어졌을 것이다.

내가 믿는 것만
듣고 보는 것의 위험성

우리는 이념적으로 강한 어떤 주제(이민, 생태 문제, 세금 제도 등)에 관심을 가질 때, 우리가 믿는 내용과 일치하는 일부 요소들을 따로 떼어내서 확증 편향 및 선택 편향을 동시에 발동시킨다.

선택 편향을 보이는 경우가 매우 많은 정치 웹사이트들의 예를 살펴보자. 이 사이트들은 특정 주제에 관한 정보 중 일부만을 선택해서 자신들의 이념적인 입장을 옹호한다. 예를 들면 '에프드수슈Fdesouche', 'LDC 뉴스LDC-News', '노보프레스Novopress', 'TV 리베르테TV Libertés'처럼 프랑스 극우의 입장을 여론에 받아들여질 만하게 만드는 것을 목표로 삼는 이른바 '재정보reinformation' 사이트들의 경우가 그렇다. 프랑스의 두 학자 야니크 카위자크Yannick Cahuzac와 스테판 프랑수아Stéphane François는 그러한 사이트들이 단순히 정치 선전을 넘어서 거짓된 정보 또는 사실이지만 내용 일부를 누락하거나 추가로 허위 내용을 덧붙인 정보를 의도적으로 전한다는 사실을 밝혀냈다.[10] 한마디로, 그 사이트들은 조작된 정보로 사람들을 끌어모아 조직하려는 분명한 목적을 가지고, 정보에 '그들이 원하는 내용'이 담기도록 만든다. 이런 식으로 오늘날 프랑스에는 파쇼스페르

fachosphère(파쇼 구역)라고 부르는 극우 온라인 커뮤니티가 성행하고 있다.*

선택 편향을 확증 편향과 결합하는 방식은 소셜 미디어에서 대중에게 영향력을 행사하는 인플루언서들이 사용하는 방법이기도 하다. 그들은 자기를 팔로우하는 사람들이 보고 싶어 하는 것만을 보여준다. 호사스러운 호텔, 천국 같은 바닷가, 완벽하게 화장한 얼굴과 잘 가꾼 몸……. 물론 최근에는 호주의 유명 인플루언서 에세나 오닐처럼 사람들이 인스타그램에 꾸며 놓은 이른바 '가짜 삶fake life'을 비난하는 사람들도 나오고 있긴 하지만 말이다.[11] 인플루언서가 올리는 환상적인 사진들은 해당 계정을 구독하는 평범한 사람들에게는 좌절감을 불러일으키고 인플루언서 자신에게는 엄청난 압박으로 되돌아온다. 그들은 언제나 앞서 올린 사진들만큼이나 훌륭한 사진들만 게시해야 하고, 따라서 살이 단 1그램도 더 쪄서는 안 되며, 자신의 불완전한 모습을 절대 노출시켜선 안 된다는 엄청난 스트레스에 시달린다. 결국 인플루언서나 구독자 어느 쪽에도 긍정적인 결과를 가져오지 못하는 셈이다.

---

* 그렇다고 해서 다른 언론들이 항상 사실만을 말한다는 뜻은 아니다. 단지 그들은 거짓된 정보를 덜 말할 뿐이다.

뇌가 우리에게 어떤 속임수를 부리는지 깨닫는다 해도, 우리가 항상 형사처럼 합리적으로 상황을 바라보고 객관적인 방식으로 고찰하기란 매우 힘들다. 그 이유 중 하나는, 우리가 지닌 신념과 견해가 서로 모순되는 정보들과 긴장을 만들어내기 때문이다. 이러한 긴장이 바로 다음 장에서 다룰 인지 부조화다.

/ 6 /

나를 위한 거짓말이 필요할 때: 인지 부조화

> 누군가를 그냥 속이는 것보다 그들이 속았다는 사실을 납득시키는 게 더 어렵다.
>
> 작자 미상(마크 트웨인이 했다고 잘못 알려진 말)

모든 생물은 운동 및 뇌 기능을 최적으로 유지하기 위해서 내적인 균형 상태에 도달하려 하는데, 이를 항상성이라고 한다. 이는 인간도 예외가 아니다.

당신이 한여름에 마라톤을 마치고 탈수 상태가 되어서 결승선을 넘어섰다고 해보자. 당신의 뇌는 항상성을 되찾으려고 당신 몸의 여러 부분에 신호를 보낼 것이다. 신장에는 소변을 덜 만들라고, 땀구멍에는 땀을 덜 배출하라고, 갈증을 일으키는 침샘에는 활동을 늦추라고 말이다.

이러한 균형 상태는 몸의 기능뿐 아니라 인지 기능에도 바람직하게 작용한다. 정보가 당신의 선호나 신념, 믿음, 태도와 일치하지 않을 때, 당신의 그때껏 유지하던 항상성을 깨뜨리는 긴장 상태를 경험한다. 미국의 사회 심리학자 레온 페스팅거 Leon Festinger는 60년 전에 그러한 상태를 이론화하고 거기에 '인지 부조화 cognitive dissonance'라는 이름을 붙였다. 그는 뇌가 자연히 그러한 긴장을 줄이려고 애쓴다고 설명한다.[12]

장 드 라퐁텐 Jean de la Fontaine의 우화 '여우와 포도'는 우리가 경험하는 인지 부조화가 무엇인지 아주 잘 보여준다.

가스코뉴 출신, 혹은 누군가는 노르망디 출신이라고도
하는 여우가 한 마리 있었다.
여우는 며칠간 먹지 못해 거의 굶어 죽을 지경이었다.
그런 여우의 머리 위로 포도 덩굴이 보였다.
꼭대기를 올려다보니 잘 무르익고 껍질은 진홍색인 포도가
매달려 있었다.
취향이 섬세한 여우는 그 포도를 정말로 먹고 싶었다.
하지만 머리 위에 있는 포도는 너무 높아서 발이 닿지 않았다.
그러자 여우는 "저 포도는 설익어서 천민이나 먹을 만하겠

군" 하고 말했다.

여우는 그냥 불평하는 편이 낫지 않았을까?

여우는 배가 고프다. 포도 몇 개를 먹을 수만 있다면 무엇이든 내줄 것이다. 하지만 잘 익은 포도를 붙들지 못하는 상황이 여우의 마음에 긴장을 일으킨다. 즉, 여우는 부조화 상태에 놓이게 되는 것이다. 그러자 여우는 인지 항상성을 되찾으려고, 포도에 부여된 가치와 자신의 견해를 바꾸어서 포도를 잡지 못하는 상황과 일치시키려 한다. 그래서 포도가 잘 익었음에도 불구하고, 여우는 포도가 설익었고 자기는 신 포도를 먹고 싶은 생각이 없다고 스스로를 설득한다.

라퐁텐은 우화를 마치며 다음과 같은 중요한 질문을 던진다. 그러한 불합리한 태도로 여우는 내적인 긴장을 해소하고 좌절감을 겪는 일을 피할 수 있었는데, 그러한 태도가 과연 여우에게 해로울까, 이로울까?

흡연자들에게도 이와 똑같은 움직임이 벌어진다. 오늘날 그들은 담배가 치아를 누렇게 만들고, 만성 기관지염을 유발하고, 폐암과 불임, 심혈관 질환의 위험을 높이는 등 건강에 매우 해롭다는 사실을 너무나 잘 안다. 그래서 흡연자들은 그 부조화를 해소하기 위해 "요즘 스트레스를 너무 많이 받아서 어쩔 수가 없어", "담배를 피우면 살이 잘 안 쪄", "나는 암에 걸리기에는 아직 너무 젊어" 등의 핑계를 적당히 만들어낸다. 그들은 부조화가 너무 심해져서 담배를 끊지 않을 수 없을 때까지(가령 임신을 한다거나, 지인이 담배와 관계된 이유로 사망할 때까지) 계속 담배를 피울 것이다.

1956년에 발표한 저서《예언이 끝났을 때》에서 페스팅거는 세상의 종말을 믿는 사이비 종교 집단에 잠입해 그들의 예식에 참여한 경험을 전달한다. 도러시 마틴Dorothy Martin(그녀는 책에서 '메리언 키치'라는 가명으로 등장한다)은 1954년 12월 21일에 외계인으로부터 세상의 종말이 올 것이라는 경고 메시지를 받았다고 주장했다. 그녀는 그 예언이 사실이라고 믿었고, 세상의 종말이 오는 날에 그들을 구하러 올 비행접시를 타고 떠나자며 사람들을 모았다. 그녀를 따르는 신도들은 모든 것을 버리고 갈 준비가 되어 있었다.

운명의 날이 오기 전과 이후 몇 달 동안, 페스팅거는 그 집단을 내부에서 관찰했다. 예정한 날이 다가왔고 아무 일도 벌어지지 않았다. 그러자 메리언 키치는 자신을 따르는 사람들에게 자신의 종파가 "선함과 빛"의 힘을 이 세상에 퍼뜨리는 데 성공한 덕분에 지구가 구원받았다고 선포한다.

페스팅거는 그 순간 신자들에게서 놀라운 일이 벌어졌다고 전한다. 그들은 자기들의 믿음을 저버리지 않고 그 믿음을 열렬히 포교하기 시작했다. 그들은 그 종파와 세상의 종말이 예정되어 있다는 믿음에 엄청나게 많은 시간과 돈, 감정을 투입했다. 그런데 예언이 이루어지지 않자 매우 심한 인지 부조화 상태에 놓였다. 그들은 자기가 속았다는 사실을 인정하기보다는 균형을 되찾는 쪽을 택했다. 재앙이 벌어지지 않은 것은 자기들이 한 활동 덕분이라고 스스로 설득함으로써 실패를 합리화하는 편을 택한 것이다. 그들은 메리언 키치의 종파에 들어감으로써 자신들이 옳은 선택을 했다는 일관성 있는 이야기를 꾸며냈다. 세상이 멸망하지 않았다는 사실은 그들이 지닌 믿음을 약하게 만들지 않고 오히려 더 강화시켰다.

페스팅거는 이 극단적인 사례를 경험한 이후 실험실에서 인지 부조화에 대한 연구를 이어갔다. 그는 실험 참가자들을 모은 뒤 그들에게 매우 지루하고 단조로운 작업을 시켰다. 탁자에 놓인 여러 개의 정사각형 나무토막들을 한 시간 동안 4분의 1만큼만 돌려놓으라고 요청한 것이다. 그러면서 이 일을 왜 해야 하는지에 대해서는 아무런 설명도 해주지 않았다.

참가자가 한 시간 동안 그 일을 끝내고 나면, 페스팅거는 한 가지 간단한 부탁을 한다. 그는 지금 조수가 자리에 없으니 다음 실험 참가자(사실은 그 사람이 페스팅거의 조수다)에게 가서 실험이 매우 재밌었다고 말해달라고 부탁한다. 그렇게 하면 돈을 주겠다고 하면서 말이다. 페스팅거는 참가자 절반에게는 1달러를, 다른 절반에게는 20달러를 약속했다.

모든 참가자가 그의 부탁을 들어줬다. 페스팅거는 그들에게 돈을 준 다음 개별적으로 불러 솔직히 그 실험이 정말 재밌었느냐고 다시 물었다. 얼핏 생각하기에는 돈을 많이 받은 사람이 실험이 재밌었다고 거짓말을 할 거라는 생각이 들지만, 실제로는 1달러를 받은 사람 중에서 실험이 재미있었다고 답한 사람이 더 많았다. 왜 그랬을까? 20달러를 받은 사람에게는 현금으로 받은 '보수'가 실험에 참여하느라 허비한 시간을 보상하고 인지 부조화를 해소하기에 충분한 추가 정보가 되었기 때문이다. 돈을 많이 받은 참가자들은 이렇게 생각했다. "지루했지만 어쨌거나 돈은 많이 받았으니까, 그런 거짓말을 해서 다른 어떤 이득을 바랄 필요는 없지." 반대로 1달러를 받은 사람은 자기 삶에서 한 시간을 허비했다는 사실을 합리화하기 위해서 그 경험에 대한 자신의 인식을 변경해야만 했다. 그래서 그들은 실험에서 요구한 과제가 제아무리 반복적이고 지루했다 해도 그것이 흥미로웠다고 정말로 믿기 시작한 것이다.

페스팅거는 인지 부조화 감소 과정이 다음 세 단계로 이루어진다고 보았다. 먼저 우리를 부조화 상태로 들어서게 하는 사건을 식별해낸다. 그다음에 조화를 되찾으려고 자신의 태도나 믿음을 바꾼다. 끝으로, 필요하면 부조화 효과를 완화할 수 있는 새로운 정보들을 더한다(위 실험에서는 도움에 대한 금전적 대가).

이러한 인지적 부조화를 줄이는 일은 일상에서 자주 벌어지는 현상으로, 우리가 자신의 생각과 태도를 조화시키기 위해 현실을 얼마나 쉽게 왜곡할 수 있는지를 잘 보여준다. 흡연자에게서 생기는 것과 똑같은 인지 부조화 감소 기제가 동물들이 얼마나 끔찍한 조건에서 사육되고 도축되는지, 고기를 생산하는 데 들어가는 탄소 발자국*이 얼마나 많은지 잘 알면서도 고기를 계속해서 먹을 때 작동한다. 대량 유통되는 특정 상표의 옷이 극도로 열악한 노동 조건에서 제조된다는 사실을 알면서도 그 옷들을 계속해서 구매하는 일도 마찬가지다.

정적을 친구로 만든 벤저민 프랭클린의 기술

이러한 기제를 일단 알고 나면

---

* 사람이 활동하거나 상품을 생산·소비하는 과정에서 직간접적으로 발생하는 이산화탄소의 총량.—옮긴이

그것을 다른 사람의 생각에 반하여 의도적으로 사용할 수도 있다. 벤저민 프랭클린Benjamin Franklin은 자서전에서 정치적으로 완벽한 대척점에 있었던 어떤 인물과의 관계를 어떻게 관리했는지 이야기한다. 그 정치인이 열렬한 고서古書 수집가라는 사실을 알았던 프랭클린은 어느 날 그에게 소장한 책들 중에서 몇 권을 빌려줄 수 있겠느냐고 부탁하는 편지를 보낸다. 거기에는 '아주 귀하고 아주 소중한 책 한 권'을 부탁한다는 말이 담겨 있었다. 프랭클린의 정적政敵은 이런 예상치 못한 요청을 받고서 프랭클린에 대해 자신이 갖고 있던 부정적인 견해와 프랭클린이 자기한테 책을 빌려달라고 부탁한 사실이 만들어내는 부조화 상태에 빠졌으리라는 점을 상상할 수 있다. 그는 다음 세 가지 방식으로 부조화를 줄일 수 있다.

1. 그 일을 별것 아닌 일이라고 치부한다. 그 요청이 평범한 일이라고 생각하는 것이다. 하지만 당시 상황을 보았을 때, 벤저민 프랭클린이 편지를 보낸 일을 별것 아닌 일로 치부하기란 불가능하다.
2. 자신이 지닌 서로 모순되는 믿음을 화해시키는 데 도움이 될 새로운 정보들을 더한다. 가령 그는 프랭클린에게 책을 빌려주는 대가로 다른 책들을 보내달라고 요청할 수

있다. → 하지만 프랭클린이 책 애호가가 아니라는 사실은 모두가 안다.
3. 부조화를 일으키는 요인에 대한 자신의 태도나 믿음을 바꾼다. 프랭클린에게 책 보내주기를 거부한다면 모두에게 웃음거리가 될 것이 뻔하므로 그 요청을 거부할 수 없다. 그가 인지 부조화를 줄이는 유일한 방법은 자신이 애초에 지닌 믿음을 바꾸는 것뿐이다. 따라서 그는 프랭클린을 전보다 더 긍정적으로 판단하고 요청받은 책들을 곧바로 보낼 수밖에 없다.

그로부터 일주일 후에 프랭클린은 감사의 말을 전하는 쪽지를 끼워넣어 책들을 돌려주었다. 그다음에 미국 하원이 열렸을 때, 프랭클린의 정적은 그에게 처음으로 직접 말을 걸며 친절한 메시지에 고마움을 전했다. 프랭클린에 따르면, 그때부터 그는 "항상 모든 상황에서 자기를 도우려는 태도를 보였다." 이후 두 사람은 심지어 매우 좋은 친구가 되었고 그들의 우정은 죽을 때까지 이어졌다.[13]

당신에게 이미 호의를 보인 사람은 당신에게 또 다른 호의를 베풀 가능성이 크다. 즉, 흔히 생각하는 것과 달리 우리는 우리가 좋게 평가하는 사람들에게만 호의를 베푸는 것이 아니라, 우리가 호의를 베푸는 사람을 우리가 그들에게 호의를 베푼다는 이유로 좋게 평가한다. 이렇게 우리는 서로 상호작용하는 방식에 따라서 타인에 대한 행동과 판단을 조절한다.

'벤저민 프랭클린 효과'라고 부르는 이것은 오늘날 상업 분야에서 널리 이용되고 있다. 당신이 현재 시장에서 가장 비싼 휴대폰인 아이폰을 구매한다면, 그것을 결코 별 볼 일 없는 휴대폰이라고 생각할 수는 없을 것이다. 더 견고하고 더 빠르고 더 멋진 디자인의 휴대폰이 존재한다 하더라도, 아이폰 사용자는 아이폰을 매우 비싸게 구매했기 때문에 더 좋은 휴대폰이 있다고 생각할 수 없다. 후자처럼 인정해버리는 순간, 자기가 호구가 됐다고 인정하는 꼴이 되어버리기 때문이다.

모든 사치품 및 현대 미술 산업 역시 이러한 원칙으로 움직인다. 사람은 더 비싼 값을 지불할수록 정말로 사치스런 무언가를 샀다는 느낌을 갖는다. 200유로짜리 어느 토트백을 산다면 3만 5,000유로짜리 버킨백*을 살 때만큼 사치스러운 가방을 샀다는 느낌은 받지 않을 것이다. 품질 차이는 아마도 엄청나지 않을 테지만 말이다.

---

*   프랑스 명품업체 에르메스에서 나온 토트백.—옮긴이

때로는 착한 거짓말도
필요한 법이다

물론 인지 부조화가 항상 부정적으로 작동하느냐 하면 그렇지 않다. 인지 부조화에는 긍정적인 측면도 있어서, 앞서 말한 스트레스 상황을 관리하는 도구로 사용하기에 좋다. 당신이 회의 중에 다른 사람들 앞에서 말한다는 생각에 불안해지고 그 상황이 스트레스를 일으키리라 예상했다고 해보자. 당신은 그 상황에 과감히 맞서기보다는 어떻게든 그 상황을 피하려 할 것이다. 그때 그냥 집에 머물러 있으면 균형, 즉 항상성을 유지하는 결과를 얻는다. 그리고 그렇게 스트레스를 야기하는 상황을 피하는 선택을 하는 순간, 불안의 유효함을 인정하는 셈이 된다. 즉 회의에 가지 않음으로써 실제로 위험이 있다는 생각을 정당화하는 것이다. 이 악순환을 깨기 위해서는 의도적으로 부조화 상태에 놓여야 한다.

심리 치료에서는 환자에게 스트레스를 불러일으키는 대상이나 상황에 환자를 점진적으로 노출시키는 기법을 사용한다. 그 목적은 환자에게 "그건 위험해"라고 말하는 믿음과 그래도 해당 장소에 가도록(혹은 특정한 행동을 하도록) 부추기는 태도 사이에 부조화를 일으키는 것이다. 이 부조화를 해소하려면 환자는 극단적으로 비관적인 자신의 믿음을 변화시켜야 한다. 결국 그는 "내가 해본다면, 그것이 그렇게 위험하지는 않다는 뜻이야"라는 식으로 생각을 변화시키고 그 결과 해당 상황을 피하지 않고도 차츰 균형을 되찾을 수 있게 된다. 이것이 바로 점진적 노출 기법이다.

  또한 인지 부조화는 우리가 한 선택에 대하여 자기를 스스로 칭찬하는 데 도움이 되기도 한다. 우리는 두 가지 대상 중에서 망설인 끝에 결국 선택한 대상을 과대평가하고, 선택하지 않은 대상은 과소평가하는 경향이 있다.[14] 자동차를 구입하기 위해 판매 대리점에 간 당신은 마음에 쏙 드는 차 두 대를 발견했다. 두 차는 서로 전혀 다른 스타일이지만 가격대는 비슷했고, 결국 당신은 고심 끝에 그중 한 대를 선택했다. 그런데 얼마 후 당신의 친구도 차를 한 대 사려고 한다면서 당신에게 두 차 중에서 어느 것이 더 마음에 드느냐고 묻는다. 당신은 당신이 구매한 자동차가 더 좋다고 대답할 것이다. 처음에는 두 자동차가 똑같이 마음에 들었는데도 말이다. 이때 당신은 여우와 포도 우화에 나오는 여우처럼 좋게 여기는 어떤 것을 포기한 데 따른 불편한 마음을 갖지 않기 위해 스스로 거짓말을 한 것이다. 이처럼 우리는 인지 부조화를 줄이는 메커니즘을 통해 우리에게 들어오고 우리가 상호작용하는 여러 정보들의 가치를 끊임없이 변화시킨다.

MBTI 테스트가
말해주지 않는 진실

인간은 항상 일관성을 찾으려 하는 존재다. 그렇다면 자기 자신에 대하여 완벽하게 일관된 이미지를 갖는 일 또한 가능할까? 그리고 그것이 과연 바람직한 일일까? 마이어스 브릭스Myers-Briggs 성격 검사의 사례에서 그 답을 찾아볼 수 있다. 이 검사는 캐서린 쿡 브릭스Katharine Cook Briggs와 그녀의 딸이 개발한 것으로, 두 사람은 세상에 몇 가지 보편적인 성격 유형이 존재한다는 직관적인 가설을 설정했다.

1944년, 그들은 《마이어스 브릭스 유형 지표Myers-Briggs Type Indicator》라는 책에 MBTI 성격 검사의 최초 버전을 수록한다. 뒤이어 1956년에는 그 검사에 정식으로 이름을 붙인 개정판을 출간한다. 이 검사는 약 90개 정도의 폐쇄형 질문으로 이루어져 있는데, 참가자들은 각 질문에 대해 두 가지 답 중 하나를 선택할 수 있다. 각 질문에 어떤 대답을 하느냐에 따라 가능한 성격 조합 열여섯 가지 중 하나가 자신의 성격 유형이 된다.

오늘날 MBTI 검사는 기업에서 이루어지는 성격 검사 시장에서 선두를 달리고 있다고 해도 과언이 아니다. 〈르 피가로Le Figaro〉와 〈워싱턴 포스트Washington Post〉가 공동으로 취재한 내용에 따르면, 이 검사는 매년 전 세계에서 200만 명 가까운 사람

이 이용하고, 그 검사를 상업화하는 기업은 매년 약 2,000만 달러를 번다.[15]

　인사팀에서 직원을 채용할 때 경력의 발전 가능성을 알아보고 업무 수행 능력을 예측하는 도구로 자주 사용하는 이 검사에서는 특정 성격에 가장 적합한 직무 유형을 나타내는 표가 함께 제시되고는 한다. 하지만 사실 MBTI 검사는 별로 신뢰할 만한 테스트가 아니다. 같은 사람에게 여러 번 시키면 서로 다르거나 배치되는 결과를 얻기 때문이다.[16] 그렇다면 그 어떤 관련 기관을 통해 유효성을 인정받은 적 없고, 신뢰할 만하지도 않으며, 아무런 이론적 근거도 없는 이 검사는 어떻게 기업 채용에 반드시 필요한 도구가 될 수 있었을까?

　이 질문에 답하려면 바넘 효과 Barnum effect 또는 포러 효과 Forer effect라고 부르는 심리 현상을 살펴봐야 한다. 1949년에 심리학과 교수인 버트럼 포러 Bertram Forer는 자신의 심리학 개론 수업을 듣는 학생 서른아홉 명에게 어떤 검사를 실시하며[17] 그 검사로 학생들의 성격을 간단히 개괄할 수 있을 것이라고 설명했다. 일주일 후 그는 학생 한 명 한 명에게 검사 결과를 나누어주면서 그 결과가 정말 자기 성격과 일치하는지 평가해달라고 요청했다. 학생들은 자기들이 모두 별자리 운세에서 가져온 문장들로 꾸며낸 똑같은 내용의 결과를 받았다는 사실을 전혀 알지 못했다. 거기에 나오는 문구들은 다음과 같았다.

1. 나는 사랑받고 존경받을 필요를 느낀다.
2. 나는 스스로에 대하여 비판적인 경향이 있다.
3. 나는 상당히 큰 잠재력을 갖고 있지만 아직 그것을 유용하게 활용하지 못하고 있다.
4. 내 성격에는 몇 가지 약점이 있지만 나는 그것들을 대체로 잘 보완하고 있는 편이다.
5. 나는 성생활에서 몇 가지 문제를 겪은 적이 있다.
6. 나는 겉보기에는 규칙을 준수하고 스스로를 잘 통제하지만, 마음속으로는 걱정이 많고 자신감이 부족하다.
7. 때론 내가 좋은 결정을 내렸는지 혹은 해야 할 일을 한 것인지 심각하게 의구심을 갖는다.
8. 나는 어느 정도 변화와 다양함을 선호하고, 제약과 한계를 강요받으면 불만을 느낀다.
9. 나는 독립적인 사람이며 타인의 견해를 증거 없이 인정하지 않는 편이다.
10. 남들에게 나를 지나치게 드러내는 것은 그다지 현명한 행동이 아니라고 생각한다.
11. 나는 이따금 외향적이고 말이 많고 사회적이지만, 내향

적이고 신중하며 조심스러운 모습을 보일 때도 있다.
12. 내가 갖는 어떤 열망은 상당히 비현실적이다.
13. 평안함은 내 인생의 주요 목표 중 하나다.

포러는 검사 결과를 나누어준 다음, 학생들에게 그 내용이 맞다고 생각하면 손을 들라고 했다. 그러자 거의 모든 학생이 손을 들었다. 그러자 포러는 태연하게 검사 결과를 1번부터 차례로 읽어 내려갔고, 학생들은 검사가 속임수였음을 차츰 눈치채고 웃음을 터뜨렸다.

포러 효과는 누구에게나 적용 가능한 성격 묘사가 나에게만 적용된다고 믿는 편향으로, 그 근거는 세 가지다. 첫째, 우리는 그 진술이 우리를 위하여 특별히 작성되었다고 생각한다(개성화 편향). 둘째, 우리에게 말하는 사람이 권위 있는 인물이다(권위 편향). 끝으로, 진술이 여러 사람에게 적용될 수 있을 만큼 충분히 모호하고 일반적이면서, 믿고 싶은 마음이 들게끔 충분히 긍정적이다(선택 편향). 그러므로 기업이나 개인에게 큰 비용이 드는 성격 검사들은 모두 기만적이라고 볼 수 있다. 위 세 가지 부정적인 편향을 한데 모아 갖고 있기 때문이다!

성격 검사뿐 아니라 우리가 행하는 거의 모든 일에는 동기화된 추론과 인지 부조화를 줄이고자 하는 노력이 항상 작용하고 있다. 그러므로 그 사실을 명확히 인식하고, 우리의 행동이나 인지가 특정 순간에 주변 대상 및 사회적 관계, 그리고 우리의 견해(혹은 우리가 부여하는 가치)에 어떤 영향을 미치는지 스스로 물어보는 자세가 필요하다.

이쯤에서 우리는 다음과 같은 질문들을 던질 수 있다. 지금까지 우리는 가끔 착각할 때가 있기는 해도 언제나 내가 내 삶의 '주체'라고 여겼다. 그런데 우리는 정말로 항상 행동하는 존재일까? 그러니까, 통제력을 잃는 상황에 직면할 수도 있지 않을까?

/ 7 /

내가 좌우할 수 있는 일과 내가 어쩔 수 없는 일

우리에게 달려 있는 일은 완벽하게 하고, 그 외의 것들은 그저 있는 그대로 받아들여라.

에픽테토스Epictetus, 그리스 철학자

정말 간략하게 말하면, 세상의 모든 사람은 두 가지 유형으로 나뉜다. 자기한테 일어나는 일의 원인은 전부 자기에게 있다고 생각하는 사람과 운명론자 자크*처럼 "모든 것은 이미 저 위에 적혀 있다"라고 생각하는 사람이다(여기서 '저 위'는 어떤 초월적 존재를 의미한다). 이러한 생각

---

* 드니 디드로Denis Diderot의 소설 《운명론자 자크와 그의 주인》의 주인공.—옮긴이

을 미국의 심리학자 줄리언 로터Julian Rotter는 성격의 사회 학습 이론을 개발하는 시작점으로 삼았다.**18**

로터는 삶을 대하는 이러한 두 가지 방식을 통제 위치Locus of Control라는 용어로 설명한다. 벌어지는 일들의 원인이 모두 자기에게 달려 있다고 믿는 사람은 내적 통제 위치Internal Locus of Control, ILC를 가진 사람이고, 모든 일이 외적인 요인 때문에 생긴다고 생각하는 사람은 외적 통제 위치External Locus of Control, ELC를 가진 사람이다.**19** 당신이 내적 통제 위치를 가진 사람인데 직장에서 승진을 했다면 당신은 그것이 자신의 노력 덕분이라고 생각할 것이다. 반대로 외적 통제 위치를 가졌다면, 운이 좋거나 경쟁자가 없었기 때문이라고 생각할 것이다. 여기에서 분명히 말해둘 점은 통제 위치는 절대 두 가지 항목으로 이루어진 변수가 아니라는 사실이다. 통제 위치는 결코 100퍼센트 내적이거나 100퍼센트 외적이지 않다. 그저 어느 한쪽이 우세할 뿐, 살아가면서 하는 경험에 따라 얼마든지 변할 수 있다.

1955년에 로터의 제자인 제리 페어즈Jerry Phares는 통제 위치가 사람의 과업 수행 능력과 자존감에 중요한 영향을 미친다는 사실을 증명하고자 실험 연구를 실시했다. 그는 두 참가자 집단에게 똑같은 과제를 주었다.**20** 그 과제는 여러 각도를 나타낸 그림들 중에서 똑같은 각도를 가진 그림을 찾는 아주 간단한 일이었다. 페어즈는 첫 번째 집단에게는 그 일이 매우 어려우며 성공이 거의 우연에 달려 있다고 말했다(외부 통제 위치). 반면 두 번째 집단에게는 그것이 각자의 능력에 달린 일이라고 말했다(내부 통제 위치). 그런 다음 두 집단의 참가자들에게 그들의 성공 혹은 실패 확률을 퍼센트로 평가해보라고 요청했다. 그 결과, 참가자들이 자신을 평가하는 방식이 스스로가 그 과업 수행의 원동력이라고 믿는지 아닌지 여부로 결정된다는 사실을 알 수 있었다. 다시 말해 과업을 성공해낼지 여부가 우연에 달려 있다고 생각하는 사람은 그 일이 자기 능력에 달려 있다고 생각하는 사람보다 성공하리라는 확신이 더 적었다.

일상에서는 누군가가 페어즈처럼 어떤 일이 우리 자신에게 달려 있고, 또 다른 어떤 일은 우연에 달려 있다고 항상 말해주지 않는다. 어떤 행위를 할 때 스스로 통제할 수 있는 부분이 얼마나 되는지에 대한 평가는 결국 스스로 해야 한다. 그리고 그것을 잘못 평가하면 스스로를 비롯해 타인에게까지 좋지 않은 영향을 미칠 수 있다. 예를 들면 남자와 여자의 수학數學 능력에는 생물학적인 차이가 전혀 없음에도 불구하고 여자가 남자보다 수학을 못한다는 생각이 널리 퍼져 있다. 이를 부정적 고정관념 편향이라고 부른다. 즉 아무런 근거 없이 특정 인구 집단에 부정적인 특성을 무의식적으로 부여하는 깃이다.

오하이오 대학교의 심리학과 교수인 스티븐 스펜서Steven Spencer는 다음과 같은 실험으로 그러한 편향을 없앨 수 있는지 알아보려 했다.[21] 실험 내용은 다음과 같다. 먼저 수학 능력이 비슷한 남녀 참가자들을 모아서 그들에게 표준화된 수학 능력 검사 시험을 치르게 했다. 그 결과, 남자들이 여자들보다 더 높은 점수를 받았다. 그다음에는 똑같은 실험을 하되, 남녀가 섞인 두 집단을 구성해서 한 집단에는 이 검사를 이미 실시한 적이 있고 남자가 여자보다 점수가 더 높았다고 말한다. 반면에 다른 집단에는 이전에 실시한 검사 결과에서 남자와 여자가 얻은 점수가 비슷했다고 말한다. 그런 다음에 두 집단은 똑같은 내용의 시험을 치른다.

논리적으로 봤을 때, 과제 수행 능력이 남자와 여자의 타고난 능력 차이에서 기인한다면 두 번째 실험의 검사 결과는 첫 번째 실험의 결과와 같아야 할 것이다. 그런데 그룹을 나눠 새로 진행한 실험에서 첫 번째 집단(남자가 여자보다 점수가 더 높았다고 말한 집단)에서는 남자와 여자의 점수가 크게 차이가 났고, 두 번째 집단(남자와 여자가 얻은 점수가 비슷했다고 말한 집단)에서는 남녀의 점수 차가 거의 없었다. 단 한 문장을 말함으로써 수행 능력 차이를 없앤 것이다. 두 번째 집단의 검사 결과로 우리가 알 수 있는 것은 비단 수학뿐만 아니라 여러 분야에서 여성들이 겪는 사회적 고정관념 편향을 없앰으로써 여성의 통제 위치를 더 내적인 축으로 '재조정'할 수 있다는 사실이다.

운명론 vs. 자기결정론, 통제의 키를 쥔 자는 누구인가

통제 위치는 우리의 행동을 결정하고, 따라서 행동의 결과를 결정한다. 통제 위치가 내적인지 외적인지에 따라서 자기가 한 행동에 책임이 있다고 느끼는 정도가 다르다. 여러 연구 논문에 따르면, 내적 통제 위치를 지닌 사람은 외적 통제 위치를 지닌 사람보다 책임감을 더 많이 느끼고 자존감이 높다.[22]

만일 당신이 내적 통제 위치를 가졌다면, 나의 성공은 모두 나의 능력 덕분이라고 생각하고 자존감이 높아질 것이다. 반면에 통제 위치가 외적일수록, 자신이 거둔 성공의 이유를 외적인 요소들로 돌리고 개인적인 만족감을 덜 얻는다. 당신이 어떤 일에 실패했는데 내적인 통제 위치를 가졌다면, 다음번에는 성공하도록 최선을 다하겠다고 마음먹을 것이다. 하지만 외적인 통제 위치를 가졌다면 그보다 더 숙명론적인 태도를 보이면서 실패의 이유가 당신으로서는 어쩔 수 없으며 앞으로도 결코 통제할 수 없을 요인들 때문이라고 생각할 것이다.

그러나 때로는 통제 위치가 지나치게 내적이어도 그 영향이 부정적일 수 있다. 가령 회사의 재정적인 문제 때문에 해고를 당했을 때처럼 자신에게 원인이 있지 않은 일들에 대해서까지 실패를 내면화하고 자신에게 벌어진 일이 마치 자기 잘못인 것처럼 반응할 수도 있다. 그리고 그 때문에 불안 또는 우울 증세를 보일 수 있다. 반면에 그와 비슷한 상황에서 통제 위치가 외적인 사람은 상황을 자신과 거리를 두고 바라봄으로써 해고의 충격을 더 쉽게 이겨낼 것이다.

그렇다면 이번에는 통제 위치가 우리 건강에 미치는 영향을 살펴보자.[23] 암에 걸린 사람이 자기가 걸린 병에 대해 스스로 책임이 있다고 느낀다면, 혹은 반대로 자기가 오로지 운이 나빠서 병에 걸렸다고 믿는다면, 이 두 경우 진단과 치료에 똑같은 방식으로 임하지 않을 것이다. 우리가 건강에 대해 생각하는 방식에 따라서 병에 대처하는 방식이 달라진다.[24] 내적인 통제 위치를 지닌 환자는 무엇을 하든 '모든 것은 이미 저 위에 적혀 있다'고 믿는 환자보다는 병을 치료하려고 더 열심히 노력하면서 약을 잘 챙겨 먹을 것이다. 반면에 후자의 환자는 질병에 대해 더 수동적이고 운명론적인 태도를 보이면서 '어차피 정해진 운명은 바꿀 수 없는데 나으려고 애쓰는 게 다 무슨 소용이야?'로 요약되는 태도로 치료에 임할 것이다. 이러한 태도를 학습된 무기력learned helplessness이라고 부른다.

학습된 무기력이
나와 세상에 미치는 영향

미국의 학자 마틴 셀리그먼Martin Seligman은 정신적 외상을 입은 다음에 어떤 식으로 학습된 무기력 증후군이 생기는지를 알아보기 위해 여러 실험을 진행했다. 그는 바닥에 전기 충격 장치가 설치된 두 개의 우리에 개를 넣었다. 두 우리에는 모두 작은 레버가 있어서 개들은 앞발로 그걸 누를 수 있었다.[25]

실험은 개 두 마리에게 전기 충격을 가하는 것으로 시작한다. 충격이 가해지기 전에는 매번 위쪽의 작은 전등에 불이 들어오도록 했다. 충격이 가해지면 개들은 깜짝 놀라 도망치려 하다가 뒤이어 레버를 눌러본다. 이때 1번 우리의 레버는 제대로 작동해서 누르면 전기 충격이 즉시 멈춘다. 그러나 2번 우리의 레버는 가짜라서 개가 레버를 아무리 눌러도 전기 충격이 멈추지 않는다. 그렇게 전기 충격을 몇 번 가하고 나자, 1번 우리의 개는 전등에 불이 들어오면 전기 충격이 가해질 것을 예측하고 곧바로 레버로 달려들었다. 반면에 2번 우리의 개는 차츰 포기하며 전기 충격이 가해져도 그냥 바닥에 엎드려 있었다. 몇 번의 경험을 통해 자기가 할 수 있는 일이 아무것도 없음을 이해했기 때문이었다.

뒤이어 셀리그먼은 그 개들을 또다시 각기 다른 우리에 넣는다. 두 우리는 모두 중간에 놓인 낮은 칸막이로 공간이 나뉘어 있다. 한쪽 바닥에는 전기 충격이 들어오고, 다른 쪽 바닥에는 전기 충격이 들어오지 않는다. 셀리그먼은 다시 바닥에 전기 충격을 가한다. 그러자 1번 개는 전기 충격을 피할 수 있는지 보려고 낮은 칸막이를 넘어갔고 그렇게 전기 충격을 피하는 데 성공한다. 그러나 2번 개는 환경이 바뀌어 이제 행동할 여지가 있는데도 아무 시도도 하지 않았다. 그는 전기 충격이 가해지자 앞에서 그랬듯 그저 바닥에 엎드릴 뿐이었다. 이처럼 학습된 무기력은 통제할 수 없는 고통이나 실패를 경험한 뒤, 그 상황을 실제로 피할 수 있는 상황에서도 스스로 행동하기를 포기하거나 무능력해지는 심리 상태를 의미한다.

셀리그먼의 동료인 도널드 히로토Donald Hiroto는 학습된 무기력이 사람에게 어떻게 나타나는지 알아보고자 했다.[26] 그래서 셀리그먼이 한 실험을 다시 실시하되 개를 사람으로, 전기 충격을 폭발음으로 대체했다. 셀리그먼의 실험에서와 같이 실험 대상자는 두 사람으로, 한 사람은 폭발음을 멈출 수 있고 다른 사람은 그러지 못했다. 실험은 두 단계로 이루어졌다. 실험의 결론은 개를 대상으로 한 실험과 마찬가지였다. 네 차례 연속으로 버튼을 눌러서 소리를 멈출 수 있다는 사실을 깨달은 사람은 두 번째 실험에서도 소리를 쉽게 멈췄다. 반면, 소리를 멈출 수 없었던 다른 사람은 셀리그먼의 실험에서 개가 보인 것과 비슷한 반응을 보이면서 두 번째 실험에서는 아예 버튼을 누르지도 않았다. 그때는 폭발음을 멈출 수 있었는데도 말이다.

학습된 무기력은 우울증과 깊은 관련이 있다. 우리는 우울 증상을 겪을 때, 삶을 더 이상 전혀 통제하지 못한다는 느낌을 받는다. 학습된 무기력은 가정 폭력을 당하는 피해자의 경우처럼 심각한 상황에서도 나타난다.[27] 정신적 외상을 일으키는 경험, 즉 거의 매일 당하는 폭력 때문에 피해자는 외적 통제 위치를 극단적으로 발달시킨다. 그래서 폭력적인 배우자와 헤어지거나 폭력을 중단시키고 지금의 해로운 관계에서 벗어나기 위한 어떤 시도도 하지 못한다. 반복되는 폭력을 당하는 피해자는 자기가 나쁜 일을 전혀 하지 않았는데도 그런 상황이 생겼으므로 부조화 상태에 놓인다. 그래서 학습된 무기력을 느끼는 것에서 더 나아가, 자기가 당하는 폭력을 정당화하고 일관성을 되찾기 위해 죄책감마저 느끼게 된다. "내가 얻어맞는 건 내가 잘못했기 때문이야. 그러니 이 상황은 정상이야." 피해자는 자기가 아무런 대처도 하지 않는다는 사실을 무의식적으로 정당화하려고, 폭력을 인정할 만한 것으로 만들어서 합리화하려 할 수도 있다. "그 남자/여자는 일부러 그러는 게 아니야. 그 사람은 실제로는 나를 사랑하고 있어."

가정 폭력의 피해자는 일상화된 폭력으로 신체적, 정신적 고통을 받을 뿐 아니라 학습된 무기력 때문에 자존감이 극도로 낮아져서 직업 수행 능력이나 사회관계에도 심각한 영향을 받는다. 물론 가정 폭력이라는 주제는 매우 복합적이고 그 요인이 다양하기에 학습된 무기력이나 인지 부조화 감소로만 요약할 수는 없다. 하지만 이는 폭력 상황에 대처하기 위해서 폭력 가정에서 도망치고 가해자를 떠나는 것은 둘째치고, 구조 단체에 전화를 거는 일조차 그들에게는 얼마나 힘든 일인지 이해하기 위해 감안해야 할 중요한 요소임이 분명하다.

학습된 무기력은 지구 온난화 같은 사회 문제에 대처할 때에도 작용한다.[28] 학자들은 세계의 종말을(나아가 아마도 우리 인류의 종말까지도) 야기할 수 있을 지구 온난화에 대해 거의 아무런 대처도 하지 않는 지금의 현상을 학습된 무기력의 관점에서 설명하는 가설을 세웠다. 다시 말해 사람들이 개개인 수준에서 아무리 열심히 행동한들, 기후에는 실제 아무 영향을 미칠 수 없다는 생각에 사기가 떨어져 환경에 도움이 되는 활동을 아예 하지 않게 된다는 얘기다. 그러나 최근에 발표된 여러 연구 내용을 보면, 각 개인이 참여해야만 기후 문제에 대처하는 대규모 활동이 이루어질 수 있다.[29] 그러므로 우리는 현재 빠져 있는 무력감에서 벗어나 적극적으로 행동함으로써 널리 일반화된 학습된 무기력에 맞서 싸워야 한다. 물론 그렇다고 해서 정책적인 수준에서 전 세계가 보다 환경친화적인 정책으로 옮겨 갈 필요가 없다는 말은 결코 아니다.

또 다른 인지 편향들도 우리가 행동하는 것을 은연중에 가로막는다. 가령 지구 온난화 사례에서 우리는 현재 중시 편향 때문에 자신을 미래로 투사하지 못한다. 우리는 먼 미래보다는 눈에 보이는 즉각적인 결과를 낳는 사건들에 더 민감하기 때문이다. 만일 담배 한 개비를 피우고 나서 30분 후에 암에 걸릴 확률이 10분의 1이라면 이 세상에는 흡연자가 한 명도 없을 것이다. 지구 온난화의 경우도 이와 마찬가지다. 몇십 년 후의 상황에, 그것도 직접적인 피해를 예측하기 힘든 일에 자신을 투사하기란 무척 힘들다. 누군가 당신에게 100년 후 지구상의 빙하가 다 녹아 없어질 것이라고 말해도 당신은 그 상황에 자신을 투사하지 못한다. 그러니 지금 그 일을 걱정하는 것이 무슨 소용이겠는가?

또 다른 문제도 존재한다. 많은 기업이 자사의 기업 활동이 환경 오염을 유발하고 지구 온난화에 영향을 미친다는 사실을 최소화하면서, 비극적인 상황이 초래되기 전까지 어떻게든 기술적인 해결책이 마련될 것이라고 말하며 기업 활동을 정당화하곤 한다. 많은 기업이 환경 문제를 해결하는 것은 자기가 할 일이 아니라 정부나 정치인, 다른 기업들이 해야 할 일이라고 여긴다. 그러면서 환경이 눈에 띌 만큼 빠르게 훼손되는 상황에 대한 책임을 전부 남에게 떠넘긴다. 이를 '책임 분산 편향'이라고 부른다. 이에 대한 내용은 뒤에 나올 9장에서 더 자세히 살펴볼 것이다.

학습된 무기력 편향은 직장을 그만둘 용기가 부족한 것부터 투표하러 가기 귀찮은 상황에 이르기까지 무수히 많은 사소한 상황들에 영향을 미친다. 지금까지 우리는 통제 위치가 지나치게 외적일 때 학습된 무기력을 비롯해 매우 심각한 상황이 야기될 수 있음을 살펴보았다. 그렇다면 통제 위치가 지나치게 내적일 때는 무슨 일이 벌어질까?

통제광이 되거나
구원자 콤플렉스에 빠지거나

외적 통제 위치가 능동적인 활동을 억제하고 우리의 뜻과 자유의지를 제약하는 경우의 사례들을 보면, 그에 비해 내적 통제 위치는 대체로 긍정적으로 보인다. 하지만 통제 위치가 과도하게 내적이면 통제하고 지배한다는 착각에 빠져서 자신과 주변 사람들의 정신 건강에 해로운 영향을 미칠 수 있다.

모든 것을 통제할 수 있다고 생각하는 사람은 자기가 직접 저지르지 않은 실수에 대해서도 자신을 탓하는 경향이 있고, 다른 사람들도 자기만큼이나 완벽하게 통제할 수 있다고 판단해 그들에 대해서도 완강한 태도를 보인다. 이러한 사람을 우리가 흔히 '통제광'이라고 부르는 데에는 그럴 만한 이유가 있다.

매우 내적인 통제 위치를 지닌 사람은 대부분 부정적인 뜻에서 완벽주의자고, 그래서 3장에서 말한 이분법적 사고의 함정에 더 쉽게 빠진다. 통제광은 전적으로 완벽하지 않은 모든 것은 형편없고 전혀 가치가 없다고 생각한다.[30] 그들은 추론을 비판적으로 가다듬는 데 필요한 미묘한 차이를 읽는 능력을 잃고 정신적으로 완고해진다. 정신적 완고함은 많은 경우에 남들에게 오만함으로 비춰지곤 하는데, 그래서 과도한 내적 통제 위치를 지닌 사람은 건강하고 만족스러운 사회관계를 누리는 데 어려움을 겪는다.

또한 지나치게 내적인 통제 위치를 지닌 사람은 종종 '구원자 콤플렉스'에 빠지기도 한다. 그래서 이 사람, 저 사람의 문제를 해결하려 들고, 그러느라 상대방이 실수를 통해 배우고 자신의 길을 스스로 찾을 여지를 주지 않으며, 그들의 삶에 지나치게 간섭한다. 하지만 누군가를 그 사람의 의지에 반해서 '구원'할 수는 없는 법이다!

이처럼 과도한 내적 통제 위치는 세상을 살아가는 데에 진정한 장애가 될 수 있다. 당신이 모든 것을 혼자서 통제할 수 있다고 생각한다면 위급한 상황에서도 도움 요청하기를 망설일 것이다. 당신 생각에는 모든 것을 스스로 통제할 수 있기 때문이다. 마찬가지로, 학교나 직장에 다니면서 다른 사람과 팀을 이루어 일해야 하는 경우가 생겼을 때도 팀원이 당신의 일을 대신하도록 맡기지 못하고, 심지어 팀원이 자기에게 맡겨진 일을 하도록 놔두지도 못할 것이다.[31]

※

자기 자신이 스스로 환경을 좌우하지 못한다고 믿으면서 아무 행동도 하지 못하고 무기력에 빠지는 것은 함정이다. 자기 자신이 전능하고 세상 모든 일이 자신의 의지에 달려 있다고 믿는 것 역시 함정이다. 그러므로 그 자체로 좋거나 나쁜 통제 위치란 없다. 우리는 둘 중 한쪽으로 지나치게 치우치지 않도록 스스로를 조절해야 한다. 그리고 그러한 균형을 찾는 유일한 방법은 상황을 최대한 잘 분석해서 매사가 얼마나 우리에게 달려 있는지 혹은 그렇지 않은지를 판단하는 것이다.

하지만 세상과 상황을 그렇게 명확하게 파악하기란 참으로 힘들다. 가장 큰 이유는, 우리가 '알고 있다는 환상'에 자주 빠진다는 데 있다.

/ 8 /

뇌가 자주 근거 없는 자신감에 빠지는 이유

약간의 지식은 위험하다. 조금씩 들이 킨 지식은 정신을 취하게 만들지만 충 분한 지식은 정신을 맑게 만들어주기 때문이다.

알렉산더 포프 Alexander Pope, 영국의 시인

1995년 1월 6일, 맥아더 휠러 McArthur Wheeler는 얼굴을 드러낸 채 피츠버그의 은행 두 곳을 연속으로 무장 습격했다.[32] 그는 그해 4월에 체포되었는데, 경찰이 그에게 감시 카메라 덕분에 그를 찾아낼 수 있었다고 말하자 그는 깜짝 놀라며 이렇게 외쳤다. "하지만 나는 레몬즙을 발랐는데!" 뒤이어 휠러는 누군가 그에게 레몬즙으로 어떻게 투명 잉크를 만드는지 알려주었다고 설명했다. 그래서 그는 몸에

레몬즙을 바르면 자기 모습이 감시 카메라에 찍히지 않을 것이라고 생각했다. 그는 자기 생각이 옳은지 확인하려고 몸에 레몬즙을 바른 다음 자기 모습을 폴라로이드 카메라로 찍었다. 그때 그의 모습은 사진에 나타나지 않았다. 경찰은 아마도 카메라에 결함이 있었거나, 잘못된 방향으로 찍었기 때문일 것이라고 설명했다. 어찌됐든 휠러는 감옥에 수감되며 자신이 알고 있다는 환상에 대한 대가를 치렀다.

이 이야기는 1996년에 발간된 《세계 연감 The World Almanac》에 실렸고, 코넬 대학교 심리학과 교수인 데이비드 더닝 David Dunning 의 눈에 띄었다. 더닝은 휠러의 이야기가 거의 모든 사람에게 적용된다고 생각했다. 사람은 어떤 주제를 모를수록, 자기가 그 주제를 얼마나 모르는지 제대로 가늠하지 못한다. 당신은 어쩌면 다음과 같은 경험을 해봤을지도 모르겠다. 당신이 친구들을 집에 초대했다. 당신은 전날 요리 서바이벌 리얼리티 쇼에서 본 어느 요리를 친구들에게 식사로 대접하기로 마음먹었다. 화면으로 보기에는 그 요리가 그리 어려워 보이지 않았기 때문이다! 당신은 자신감이 넘친다. 내가 만든 요리가 맛있다고 생각하고, 심지어 친구들에게 그 요리를 대접한다는 생각에 마음이 뿌듯하다. 그런데 결과는 참담했다. 다들 한 입 먹고는 음식에 손도 대지 않은 것이다. 당신은 자신감 과잉으로 피해를 보았다!

프랑스 TV 채널에서 방영된 리얼리티 프로그램 '국선 변호사 노르베르'는 요리의 기본도 전혀 모르면서 자기가 진정 훌륭한 요리사라고 자부하는 '요리 범죄자'들을 다룬다. 프로그램 참가자들은 자기가 요리에 재능이 있다고 확신하고, 요리사인 노르베르 타레르Norbert Tarayre와 함께 요리할 사람으로 선택되었다는 사실이 놀랍지 않다고 카메라 앞에서 자신 있게 말한다. 방송 중에 타레르가 그들이 '미각을 침해한 죄'로 지인들에게 고발당했다는 사실을 밝히면 그들은 모두 매우 놀라며 그 사실을 받아들이지 못한다. 이후 요리사 타레르는 참가자들이 스스로 제대로 요리했다고 생각한 음식을 어떻게 세련되고 더 맛있게 요리할 수 있는지 가르쳐준다. 참가자 대부분은 매우 낙심해서 처음에는 제대로 배우기조차 힘들어한다. 하지만 타레르의 지도를 받으며 차츰 자신감을 얻고, 고급 식당의 메뉴에 오를 만큼 훌륭한 요리를 만드는 데 성공한다. 그 프로그램 참가자들은 처음에 근거 없는 자신감을 지나치게 가졌다가, 뒤이어 자신이 얼마나 무지한지 깨달으며 절망 상태를 경험했고, 마침내 지식의 오르막길을 차츰 오르며 자신감을 얻었다.

이는 우리 삶의 모든 영역에 적용할 수 있다. 우리는 어떤 악기를 연주하는 법을 처음 배울 때, 그 일이 별로 어렵지 않다고 생각하는 경우가 많다. 가령 피아노를 몇 분만 배우면 프랑스 동요 〈달밤에〉를 쉽게 연주할 수 있다. 하지만 피아노를 계속 배우다 보면 생각보다 실력이 빨리 늘지 않는다는 것을 알게 된다. 베토벤의 소나타를 연주하려면 몇 달 또는 몇 년이 걸린다는 사실을 깨닫게 되는 것이다. 그러면 점차 자신감을 잃고 사기가 떨어지는 단계를 거친다. 가끔은 심지어 그 일을 결코 해낼 수 없으리라는 생각마저 든다.

새로운 언어를 배울 때도 마찬가지다. 가령 프랑스인은 스페인어를 배우기 시작할 때, 처음 얼마간은 아주 쉽게 기본적인 문장들을 말할 수 있다. 하지만 그러다 세르반테스Cervantes가 쓴 《돈키호테》 원서를 펼치면, 아직 배워야 할 것이 얼마나 많은지 깨닫고 정신이 아득해질 것이다! 이렇듯 모든 학습은 대체로 배우는 내용을 잘 안다는 근거 없는 자신감 과잉으로 시작된다.

더닝과 그의 제자 저스틴 크루거Justin Kruger는 몇 가지 실험을 통해 위에서 이야기한 인지 과정의 과학적인 기초를 제시하며, 오늘날 '더닝-크루거 효과'라고 불리는 그들의 이름을 딴 개념을 정립했다. 이 개념은 다음 그래프와 같이 표현된다.[33]

두 학자는 첫 번째 실험을 실시해 지식이 가장 적을 때 지식에 대한 자신감이 최고점에 이른다는 사실을 확인했다. 디닝과

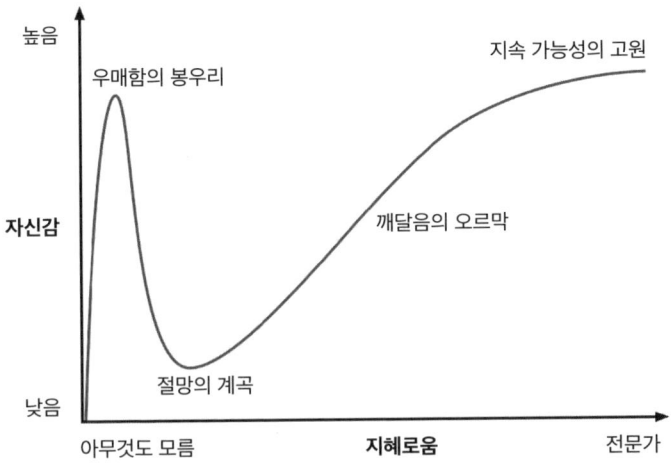

크루거는 학생들을 모집해 그들에게 문법 및 논리학에 관한 여러 문제를 냈다. 그들이 얻은 점수를 알려주기 전에 두 학자는 그들에게 자기가 몇 점을 받았을지 스스로 평가해보라고 했다. 그 실험 결과, 가장 낮은 점수를 받은 학생들이 자신이 받을 결과와 자기 능력을 과대평가하는 경향이 심했다. 그들은 처음 도달한 우매함의 봉우리에 멈춰 있었다. 이에 더닝과 크루거는 두 번째 실험을 실시해 이 자신감을 낮출 수 있는지 알아보고자 했다.[34] 그래서 처음 실험에서 가장 자신감이 넘쳤던 학생들을 모은 뒤, 그들에게 앞서 낸 문법 및 논리학 문제들에 대한 해답을 자세히 설명했다. 이 실험에서 끌어낸 결론은 다음과 같았다. "역설적으로, 학생들에게 새로운 지식을 차근차근 설명해서 그들의 지적 능력을 향상시킴으로써 우리는 그들이 애초에 지식이 충분하지 못했다는 사실을 깨닫고 자신이 지닌 지식의 한계를 납득하도록 도왔습니다."

두 학자는 뒤이어 학생들에게 그 실험을 한 다음에 어떤 느낌을 받았느냐고 물었다. 학생들은 우매함의 봉우리에서 내려와 자기가 앞으로 배워야 할 것이 얼마나 많은지 깨닫고서 낙심하는 단계를 거쳤다가, 자기가 더 발전할 수 있다는 사실을 깨닫고 지식의 비탈길을 올랐다. 이런 식으로 위 곡선이 만들어졌다.

이러한 자신감 과잉이 발생하는 원인은 '설명 깊이의 착각'으로 설명할 수 있다. 우리는 세상을 우리가 실제로 이해하는 것보다 더 잘 이해한다고 생각한다. 영국의 학자 레베카 로슨Rebecca Lawson은 더닝과 크루거의 연구에서 영감을 받아 우리가 자신이 가진 지식의 '정도'에 대해서만 착각하는 것이 아니라, 그 '타당함'에 대해서도 착각한다는 사실을 증명하려 했다.[35] 그녀는 우리가 일상적인 사물들이 어떻게 기능하는지 완전히 이해하지 못한다는 사실을 증명해 보이고자 다음과 같은 실험을 설계했다. 그녀는 자전거를 타본 적 있는 어른들을 모아서 그들에게 기억을 더듬어서 제대로 작동하는 자전거를 한 대 그려보라고 했다. 실험 참가자들이 그린 그림 중 몇 개는 다음과 같다.

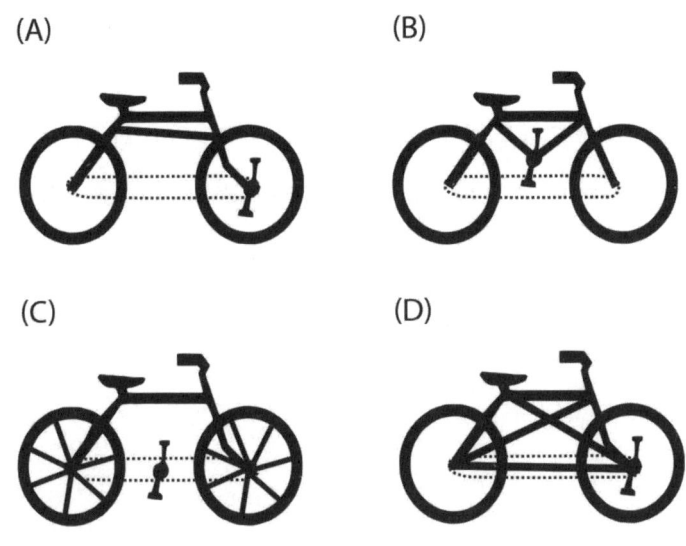

많은 사람이 자전거를 그리는 게 매우 간단한 일이라고 생각하는 경향이 있지만, 위 자전거들 중 제대로 굴러갈 수 있는 자전거는 한 대도 없다. 참가자들 중에서 제대로 작동할 만한 자전거를 그린 사람은 없었고, 약 40퍼센트는 여러 자전거 그림 중에서 잠재적으로 굴러갈 수 있을 자전거를 가려내지도 못

했다. 무언가를 시각화하는 것, 즉 눈앞에 무언가가 없는 상태에서 그것을 머릿속으로 떠올리고 그 기능 방식을 명확히 말하는 것은 눈앞에 있는 것을 그대로 그려내는 일보다 훨씬 더 힘들다.

우리는 세상이 어떻게 작동하는지 이해하는 자신의 능력을 끊임없이 과대평가한다. 그렇다면 중요한 것은, 새로운 분야 및 새로운 생각을 접할 때마다 우리가 과대평가를 한다는 사실을 인식하고, 우매함의 봉우리에서 멈춰 서지 않는 것이다. 그보다는 절망의 계곡으로 기꺼이 뛰어들자. 더닝-크루거 곡선이 잘 보여주듯이, 앞으로 배워야 할 것이 얼마나 많은지 깨달으면서 낙심한 뒤에야 우리는 더욱 견고한 지식을 향해 올라갈 수 있다. 그러니 용기를 내서 그렇게 해보도록 하자.

자신감 과잉에 빠진 자와
가면 증후군에 빠진 자

2014년, 영국의 학자 세 명은 〈상사의 능력과 노동자의 복지 Boss Competence and Worker Well-being〉라는 연구에서 오늘날 여러 기업에서 발견되는 어떤 공통된 문제에 대해 보고했다. 그 내용에 따르면, 기업에서 가장 능력 있는 사람이 항상 승진하지는 않으며 오히려 자격 미달인 사람이 중요한 직위에 오르는 경우가 많았다.[36] 대체 어떻게 이런 일이 가능한 걸까? 알고 보니 우매함의 봉우리에서 멈춰 선 사람들은 더닝-크루거 효과 때문에 자기가 정말 능력 있다고 느낀다. 그래서 무능한데도 자기 능력으로는 맡을 수 없는 직위를 감히 바라고, 넘치는 자신감 덕분에 결국 그 직위를 얻어낸다.

이와 정반대의 일도 일어난다. 아동 정신의학자 가브리엘 발Gabriel Wahl은 자신의 책 《재능 있는 어른들 Les adultes surdoués》에서 능력이 지나치게 뛰어난 사람들이 오히려 자기 능력을 과소평가하고 자신이 '기대에 못 미칠까'를 끊임없이 걱정한다고 설명한다.[37] 이러한 '가면 증후군' 혹은 '사기꾼 증후군'은 더닝-크루거 효과와 정반대 지점에 있는 현상이다. 가면 증후군에 빠진 사람은 자기가 맡아야 할 직위보다 훨씬 더 낮은 직위를 받아들인다. 그래서 이 두 효과가 결합되면, 능력이 부족한 사람들이 능력이 뛰어난 사람들을 이끄는 얼토당토않은 상황이 만들어지게 된다.

1970년대에 직장 내 서열 문제를 연구한 로런스 피터Laurence Peter와 레이먼드 헐Raymond Hull은 《피터의 원리》라는 책에서 위 이론을 더욱 정교하게 다듬었다.[38] 그들이 연구한 내용에 따르면, 보통 모든 피고용자는 무능력의 한계에 이를 때까지 기업

내에서 승진한다. 보통의 조직에서 직급이 낮아질 수는 없으므로 피고용자는 자기가 제대로 수행할 능력이 없는 직위에 올라설 때까지 경력을 이어간다. 가장 능력 없는 사람들에게서 보이는 자신감 과잉과 가장 능력 있는 사람들이 보이는 가면 증후군에 피터의 원리가 더해지면, 이는 기업을 이끄는 사장들에게는 최악의 상황이 아닐 수 없다. 회사를 이끌어야 할 능력 있는 인재들이 낮은 직급에 머물고, 자기에게 맡겨진 직무를 수행할 능력이 없는 간부들에 의해 회사가 경영되는 셈이니 말이다.

프랑스 파리정치 대학에서 '여성, 창업자 정신과 리더십' 수업을 진행하는 책임 교수 안 보링Anne Boring은 이 가면 증후군이 젠더와도 깊은 연관이 있다고 설명했다. "젊은 여성들은 남자보다 가면 증후군을 더 많이 겪습니다. 자기가 현재 진행하는 프로젝트를 추진할 자격이 없다고 자주 느끼죠."[39] 그 결과 여자들은 중요한 직위를 맡아도 책임을 다하지 못할까 봐 그 직무를 원한다고 과감히 나서지 못하고, 그래서 좋지 않은 전례를 만든다. 여자가 고위 경영직이나 보수가 좋은 직무를 덜 맡을수록, 이후 세대 여자들은 학습된 무기력을 내면화해서 그런 일을 맡겠다고 감히 나서지 못할 것이기 때문이다. 1978년에 임상 심리학자 폴린 로즈 클랜스Pauline Rose Clance는 이를 처음으로 이론화해서 그 내용을 《가면 현상 The Impostor phenomenon》이라는 책에 담았다. 그녀는 자기 주변의 여러 여성들이 스스로 거둔 성공을 전혀 내면화하지 못하는 현상을 관찰하면서 이 책을 쓰게 되었다.[40] 그녀들은 훌륭한 경력을 쌓고 있으면서도 끊임없이 자기 자신을 낮게 평가했다. 오늘날에도 여전히 여성 피고용자의 44.8퍼센트가 행정, 의료, 교육, 사회운동처럼 보수가 낮은 분야에 종사한다.[41] 하지만 프랑스에서는 25세부터 34세 여성 중 31.3퍼센트가 학사 학위를 받은 반면에 같은 연령대 남자는 26.4퍼센트만이 학사 학위를 받았다(2017년 기준).[42] 여자가 남자보다 평균적으로 학위 수료 비율이 높은데도 대부분의 여성들은 자기가 직업적으로 성공할 가능성이 더 적다고 무의식적으로 받아들인다. 현재 서구 사회는 전반적으로 남녀평등이 향상되는 방향으로 발전했고 많은 여성이 성공을 거두고 있지만, 그럼에도 불구하고 여성들은 자기가 기대에 못 미칠 것이 두려워서 어떤 직무를 얻으려고 대담히 치열하게 노력하는 일이 남자보다 더 적다. 그리고 똑같은 이유로 남성과 동등한 능력을 가지고 있어도 승진이나 임금 인상을 남자만큼 자주 요구하지 않는다. 한마디로 여성에게서는 가면 증후군이 일종의 학습된 무기력의 형태로 나타나고 있는 것이다.

잘못된 생각을
진실로 착각하는 이유

우리는 누구나 우매함의 봉우리에 올라서곤 한다. 그리고 그 봉우리에서 내려오지 않으면 이따금 빈약하고 잘못된 생각을 진실로 여기게 된다.

의료 분야에서는 겉보기에 일관성 있어 보이고 자연스럽게 갖게 되는 기초적인 믿음에 근거한 생각들이 종종 등장하곤 한다. 가령 백신의 이점과 폐해 같은 복잡한 주제를 지나치게 단순하게 다룰 때, 우리는 그 문제를 전반적으로 이해한다는 우매함의 봉우리에 오를 수 있다. 소아 백신에 반대하는 어느 소수 집단은 아동이 백신을 맞으면 자폐증에 걸린다는 생각을 그 근거로 든다. 그 생각은 관련 주제에 대하여 쓰인 잘못된 논문이 발표된 다음 세상에 널리 퍼지게 됐다. 프랑스에서 2016년에 발표된 어느 연구에 따르면, 프랑스인 중에서 59퍼센트만이 백신을 "아직도 신뢰했다."[43]

예일 대학교 교수인 매슈 모타 Matthew Motta는 주로 소셜 미디어에서 비전문가들이 말하는 이런 회의적인 담론에 관심을 가졌다.[44] 모타는 이 담론이 다큐멘터리 영화 〈더 백스트 The Vaxxed〉가 2018년 11월 1일부터 8일까지 전 세계에 무료로 방영된 후에 부쩍 더 많이 전파되었다는 사실을 알아냈다. 백신 접종에 반대하는 이 영화는 신생아에게 의무적으로 접종해야 하는 유일한 백신인 홍역·볼거리·풍진 백신(일명 MMR 백신)의 위험성을 증명하려 한다. 그리고 그 근거로 백신을 접종한 후 자폐 스펙트럼 장애를 보인 여러 아동의 사례를 든다. 하지만 여기에는 두 가지 오류가 있다. 일단 이 영화에서는 백신 접종과 자폐증 사이에 인과 관계가 있다는 증거가 전혀 제시되지 않는다. 또 백신 접종을 받고도 그러한 장애를 보이지 않는 (훨씬 더 많은) 아동의 사례는 감안하지 않는다. 한마디로, 소아 백신 접종을 격렬히 비판하는 사람들은 과학적 증거("몇 퍼센트의 사람들이 장애를 보였다")보다는 일화에 기초한 증거("나는 장애를 가진 자녀를 둔 사람을 알아")를 선택한 것이다. 모타는 백신 접종 반대 운동을 벌이는 사람들 대부분이 〈더 백스트〉를 본 다음에 자기가 의사들보다 그 주제를 더 잘 안다고 확신하게 되었다는 사실을 확인했다.

이는 그들이 과신 편향을 지녔다는 증거다. MMR 백신뿐만이 아니라 다른 백신에 대해서도 점점 더 많은 사람이 위와 같은 생각을 하면서 백신 접종률이 감소했고,[45] 그에 따라 홍역이나 결핵, 옴 같이 이젠 사라졌다고 믿었던 질병에 걸리는 아동이 다시 생기고 그 수가 증가하게 되었다.* 이것이 바로 지나

---

* 나는 자폐증과 백신 사이에 관련이 있다는 거짓 믿음에 주목한다. 나는 그 어떤

치게 단순한 설명에 기초한 이론을 믿으면 생기는 위험이다.

도널드 트럼프가 운동을 전혀 하지 않는 것을 정당화하는 이론을 말했을 때, 그 역시 우매함의 봉우리 위에 머물러 있는 상태였다. 〈워싱턴 포스트〉의 두 기자가 전한 내용에 따르면, 도널드 트럼프의 대학 시절 친구들 중에서 운동을 매우 좋아한 여러 사람이 훗날 건강 문제를 겪었다고 한다.[46] 트럼프는 그러한 관찰을 바탕으로 거짓된 인과 관계를 끌어냈다. 사람의 몸이 지닌 에너지의 양은 전자 기기처럼 한정되어 있고, 운동을 하면 그만큼 에너지 전지가 소모된다고 말이다. 그렇게 그는 건강을 유지하려면 운동을 하면 안 된다는 결론에 이른 것이다!

오늘날 사람들은 모든 지식을 금방 이해할 수 있다고 믿기를 원한다. 유튜브에 올라온 여러 동영상들은 그 어떤 복잡한 주제(정치, 과학, 생태 등)든 몇 분 만에 전부 가르쳐줄 수 있다고 장담한다. 상상할 수 있는 온갖 주제를 다루는 '전문가' 블로그들이 매일 생겨나 상당한 성공을 거두고 있다. 인터넷은 아무한테나 말할 권리를 줬을 뿐 아니라 그들의 말을 많은 사람이

백신도 건강에 부정적인 영향을 미친 경우가 한 번도 없다고 말하려는 것이 아니며, 이 말은 사실도 아니다. 나는 단지 미묘한 차이를 감안해야 하고, 거짓 등가성의 함정에 빠지면 안 된다는 사실을 지적하고자 한다.

접할 수 있게 만들어서, 가짜 전문가와 진짜 사기꾼들이 등장하게 만드는 최고의 매체가 되었다. 소설가이자 세계적인 석학인 움베르토 에코Umberto Eco는 이러한 현상에 대해 이렇게 일갈했다.

"인터넷이 예전이라면 공동체에 아무런 영향도 끼치지 못했던, 그저 술집에서나 떠들던 사람들에게 발언권을 주었고 (…) 오늘날 그들은 노벨상을 받은 사람과 똑같은 발언권을 지니게 되었다."

정보가 이렇게 넘쳐나는 상황 때문에 우리는 가끔 어떤 문제를 제대로 이해하고 있다는 착각에 빠져 잘못된 선택을 내리기도 한다. 영국에서 2016년 6월 24일, 즉 영국이 EU에서 탈퇴하는 데 찬성하는 국민 투표가 이루어진 바로 다음 날, 영국 구글 검색 1위는 "브렉시트가 무엇인가?"였고, 2위는 "EU가 무엇인가?"였다.[47] 이는 많은 영국인이 전날에 자기가 무엇에 찬성하고 반대하는지도 모른 채 투표했다는 뜻이었다. 그런데 이게 전부가 아니다. 현재 많은 브렉시트 찬성자Brexiteer들이 후회하면서 투표를 다시 실시하자고 요구하고 있다. 2018년 7월에는 국민 투표를 다시 실시하자는 청원이 영국 교육부 장관 저스틴 그리닝Justine Greening과 영국의 일간 신문 〈인디펜던트The Independant〉의 주도로 이루어졌는데, 이틀 만에 20만 명 이상이 서명했다. 같은 해 11월, 여론조사 기업 서베이션Survation은 EU 탈퇴에 대한 영국인들의 생각을 알아보기 위한 여론조사를 실시했다. 그 결과에 따르면 54퍼센트가 반대했는데, 이는 2016년 6월에 실시한 결과와는 사뭇 다른 것이었다.[48] 당시에는 영국인의 54퍼센트가 EU 탈퇴에 찬성하는 표를 던졌기 때문이다. 브렉시트에 대해 더 잘 알게 된 지금, 영국인들 중 일부는 자기가 처음에 한 선택을 번복하기를 원하는 것으로 보인다.

단순화의 함정과
'심오해 보이는 헛소리'

여러 복잡한 주제들은 의도적으로 축소해서 거짓으로 단순화할 수 있다. 영미권에서는 이를 '심오해 보이는 헛소리pseudo-profound bullshit'라고 부른다.[49] 철학자 해리 프랭크퍼트Harry Frankfurt는 이러한 헛소리를 "진실 여부는 개의치 않고 강한 인상을 줄 목적으로 구축된 어떤 것"이라고 정의 내렸다.[50] 헛소리는 진실을 의도적으로 조작하는 거짓말과 달리, 전부를 그럴듯한 담론으로 감싸서 없는 사실을 만들거나 사실을 단순화시키려는 자발적인 믿음에 기초한다. 그리고 그 목적은 대체로 재정적인 이득을 얻는 데 있다.

건강과 의료는 심오해 보이는 헛소리 비즈니스가 창궐하는 분야다. 예를 들어 '디톡스' 관련 기업들은 근사한 약속을 하면서 살 빼는 프로그램 및 기타 몸의 독소를 제거하는 요법으로 큰 이윤을 얻는다. 우리는 건강한 음식을 먹고 건강한 생활을 하겠다고 결심하기보다는 좋아하는 인기 배우가 추천하는 디톡스 주스 요법의 그럴싸한 포장에 현혹되거나 값비싼 다이어트 보조 식품을 믿는 경우가 종종 있다. 하지만 아무리 그런 보조 식품을 섭취한다 해도, 건강한 식생활을 하지 않고 운동을 하지 않는다면 기적적으로 살을 빼지는 못할 것이다.

이와 마찬가지로 일부 자기계발 기술들은 멋진 문구로 근사한 약속들을 한다. 하지만 그 문구는 심오해 보이지만 알맹이가 없는 것이 대부분이다. 그런 말이 실제로는 텅 비어 있다는 사실을 깨닫기 힘들다는 사실을 증명해 보이기 위해서, 리자이나 대학교의 심리학과 교수 고든 페니쿡Gordon Pennycook은 다음과 같은 실험을 진행했다.[51] 그는 웹사이트 두 군데를 참고해 무작위로 심오해 보이는 문장 열 개를 인위적으로 만들어냈다. 첫 번째 웹사이트는 유명한 자기계발서 저자이자 대체 요법을 강하게 옹호하는 인물인 디팩 초프라Deepak Chopra가 자주 사용하는 단어들의 목록이 수록되어 있었다. 두 번째 웹사이트는 이름마저 그 의도가 명백한 '뉴에이지 헛소리 생성기New Age Bullshit

Generator'라는 곳이었다. 이 사이트에서는 종교적 성격을 띤 문구들에 자주 사용되는 단어들을 무작위로 조합해 난해한 문장을 만들어낸다. 이를테면 "감추어진 의미들은 추상을 아름다움으로 변모시킨다" 또는 "우리는 무한의 형제자매들이다"라는 식이다. 페니쿡은 이런 문장들을 만든 다음, 초프라의 책을 읽는 사람들과 이런저런 자기계발 기법을 신봉하는 사람들을 모았다. 그런 뒤 초프라가 진짜로 한 말들 사이사이에 인위적으로 만들어낸 문장 열 개를 삽입해서 그들에게 읽어주고, 인위적으로 만들어낸 문장들을 가려내보라고 주문했다. 과연 참가자들은 초프라가 진짜 한 말과 헛소리 생성기가 만들어낸 의미 없는 말을 구별해낼 수 있었을까? 결과는 그렇지 못했다. 그런 식의 문장은 모두 상당히 모호한지라, 자기가 원하는 대로 거기에 뜻을 부여하고 해석할 수 있었기 때문이다. 별자리 운세와 비슷하게 말이다.

그 문장들에 아무런 의미가 없다면, 그것을 믿는 일이 어째서 나쁜 걸까? 그런 식으로 우리 삶에 시적인 측면과 낙관적인 요소를 조금씩 더해도 좋지 않을까? 물론 그런 말을 믿는 일이 그 자체로 문제가 되지는 않는다. 하지만 영적 지도자들이 의사 행세를 하면서 심오해 보이는 사이비 담론을 바탕으로 자신의 '치료' 요법이 표준화된 임상 의학만큼 효과적이라고 소개하는 일은 문제다. 나는 한 동료 심리학자가 주관하는 회의에 참석한 적이 있는데, 그때 그는 초프라를 신봉하면서 고대 힌두교의 대체 의학인 아유르베다 Ayurveda에서 영감을 받은 초프라의 치료법을 믿는 어느 여성 환자의 이야기를 전해준 바 있다.[52] 한 가정의 어머니인 그녀는 7년 동안 그 치료법이 정말 효험이 있다고 믿었고, 그래서 자녀들을 '진짜' 의사에게 한 번도 데려가지 않았다. 어느 날, 그녀의 아들이 병에 걸렸다. 그녀는 평소처럼 아유르베다 치료법을 사용했지만 아무 효과가 없었다. 사실 그 소년은 황색 포도상 구균에 감염되었는데, 이 병은 항생제로만 치료할 수 있다. 결국 병원에 너무 늦게 간 소년은 다리 하나를 절단해야만 했다. 여기서 우리가 얻어야 할 교훈은 다음과 같다. 우리가 진짜로 병에 걸리지 않는 한, 심오해 보이는 헛소리로 분칠한 대체 요법에 매료되어도 크게 상관은 없다. 그것이 플라세보 placebo*처럼 환자를 일시적으로 안심시키는 효과를 발휘할 수 있기 때문이다. 하지만 신체적 또는 심리적으로 심각한 질병에 걸린 경우라면 그런 무속적인 치료법을 지나치게 신봉하는 것은 매우 위험할 수 있다.

---

* 플라세보는 효과가 없다고 간주되는 경우가 많다. 하지만 이는 사실이 아니다. 플라세보는 많은 경우에 효과적이다. 물론 그렇다고 해서 그것이 치료약이 되지는 않는다.

그러나 오늘날에는 그런 요법들이 크게 유행하고 있으며, 디톡스와 마찬가지로 그야말로 돈벌이를 위한 자기계발 비즈니스로 그 규모를 키워가고 있다. 수십만 권씩 팔리는 어떤 책들에는 삶을 성공적으로 살고, 부자가 되고, 최고의 사랑을 만나게 해준다는 매혹적인 약속들이 담겨 있다. 운 좋은 어떤 사람은 그런 일들을 이루겠지만(그리고 그것이 그 책 덕분이라고 말하겠지만, 사실 그들은 스스로 노력해서 그 일을 해낸 것이다) 대부분의 사람은 그렇지 않다. 론다 번Rhonda Byrne이 쓴 세계적인 베스트셀러 《시크릿》을 읽은 독자 수백만 명이 그 책에서 말하는 인생을 바꾸는 기법들로 원하는 것들을 모두 이루는 데 성공했다면, 우리가 지금 그 사실을 모를 리는 없을 것이다. 그 책은 이런 말로 시작한다. "당신이 '비밀'을 알게 되면, 어떻게 원하는 것을 얻거나 원하는 사람이 될 수 있는지 알게 될 것이다." 론다 번은 이를 위해서 '끌어당김의 법칙'이라는 실패할 리 없는 이른바 확실한 '과학적인' 방법을 제시한다. 그 법칙의 기본 원리는 다음과 같다. 당신이 꿈꾸는 무언가(사랑, 돈, 성공 등)를 간절히 생각하면, 당신의 뇌에 든 전기가 자기장을 형성하고 우주의 긍정적인 파동을 끌어당겨서 그 힘으로 당신이 원하는 것을 끌어당길 수 있다. 일하지 않고 부자가 되고 싶은가? 쉬운 일이다. 지폐 한 장을 이마에 붙여놓고 잠을 자라!

이 이론은 과학적이거나 의학적인 근거가 전혀 없다. 그럼에도 미국의 JMC 심리 치료소를 비롯한 일부 의료 센터에서는 끌어당김의 법칙을 모든 치료법의 기초로 삼고 있다. 이 의료 센터들은 그 치료법으로 가령 성폭력 등으로 야기된 심각한 정신적 외상을 치료하며, 우울증이나 섭식장애 같은 정신 질환도 치유할 수 있다고 주장한다. 또 '끌어당김의 법칙 마스터 코치'가 되기 위한 자격증 취득 교육 과정도 존재한다. 최근 어느 여성 환자가 나에게 자신이 참가했던 '끌어당김 세미나'에 대한 이야기를 들려주었다. 그때 강사는 끌어당김의 법칙이 근거 있다는 사실을 증명해 보이겠다며 세미나 참가자들에게 1유로 동전을 이마에 붙여보라고 요구했다고 한다. 사람들이 그렇게 하는 데 성공하자, 강사는 뇌가 앞서 말한 그 자기장 때문에 동전에 자석처럼 작용하는 거라고 설명했다. 이것은 정말 말도 안 되는 헛소리다. 동전은 이마의 살갗에 붙는 것이다(다리나 배에 동전을 붙이려 해도 마찬가지였을 것이다). 뇌가 만드는 자기장하고는 전혀 상관이 없다. 뇌가 정말 자기장을 만들어낸다면, 우리 이마는 소형 자석 제품처럼 모든 냉장고에 붙으려 할 것이다! 끌어당김의 법칙에 열광하는 이러한 현상이 낳는 걱정스러운 결과 중 하나는, 진짜 질병을 가진 환자들이 이른바 진실한 지식을 보유하고 있다는 '사이비 치료사'들의 손에 맡겨지는 상황이다. 자신이 알고 있다는 환상 때문에 끌어당김의 법칙이 과학적으로 근거가 있다고 확신하면서 돈을 내고 그 양성 과정을 수료한 치료사들 말이다.

✕

우리는 정보가 끊임없이 넘쳐흐르는 세상을 살아간다. 이러한 상황에서 극복해야 할 어려움은 무지에 맞서 싸우는 일이라기보다는 '알고 있다는 환상'에 맞서 싸우는 일이다. 자기가 아무것도 모른다는 사실을 아는 누군가에게 무언가를 가르치는 일이, 자기가 아무것도 모르는데 다 알고 있다고 믿는 사람에게 가르치는 일보다 더 쉬운 법이다.

/ 9 /

착한 사마리아인이 되거나 악마가 되거나: 맥락의 중요성

어리석은 글을 인용할 때에는 반드시 그 맥락을 같이 전하라.

자크 프레베르 Jacques Prévert, 프랑스의 시인

아마도 당신은 성경의 누가복음에 나오는 착한 사마리아인의 이야기를 한 번쯤은 들어본 적이 있을 것이다.

> 예수님께서 응답하셨다. "어떤 사람이 예루살렘에서 예리코로 내려가다가 강도들을 만났다. 강도들은 그의 옷을 벗기고 그를 때려 초주검으로 만들어놓고 가버렸다. 마침 어떤

사제가 그 길로 내려가다가 그를 보고서는, 길 반대쪽으로 지나가버렸다. 레위인도 마찬가지로 그곳에 이르러 그를 보고서는, 길 반대쪽으로 지나가버렸다. 그런데 여행을 하던 어떤 사마리아인은 그가 있는 곳에 이르러 그를 보고서는, 가엾은 마음이 들었다. 그래서 그에게 다가가 상처에 기름과 포도주를 붓고 싸맨 다음, 자기 노새에 태워 여관으로 데리고 가서 돌보아주었다."

다른 사람이 딱한 처지에 놓인 모습을 봤을 때 우리는 모두 똑같은 방식으로 반응하지 않는다. 사제와 레위인은 종교인인데도 그냥 지나쳤는데, 어째서 사마리아 사람은 가던 길을 멈추고 궁지에 처한 사람을 도왔을까? 어떤 요인 때문에 사제와 레위인은 착한 행동을 하지 않은 것일까?

그로부터 2000년 후에 프린스턴 대학교의 심리학과 교수인 존 M. 달리John M. Darley와 그의 제자 대니얼 뱃슨Daniel Batson은 이 질문에 답함으로써 어떤 맥락 요인들이 사람이 갖는 동기와 성향, 그리고 그에 따른 행동에 영향을 미칠 수 있는지 알아보려 했다.[53]

두 사람은 실험을 위해 신학생들을 모집했다. 복음서에 나오는 우화를 실험하는 데 종교인보다 더 적합한 대상이 누가 있겠는가! 그들은 신학생들에게 성직자가 되려는 소명과 성직자 교육에 대해 연구한다고 하면서 참가자들을 모집했다. 그런 뒤 참가자들에 착한 사마리아인의 이야기 또는 자신이 성직자가 되려는 이유에 관한 몇 분짜리 글을 써달라고 요청했다. 그런 다음에, 건물에 적당한 장소가 없으니 글을 다 쓰고 나면 캠퍼스의 다른 동으로 이동해서 대학생들 앞에서 쓴 글을 소개할 것이라고 말했다. 교정의 두 건물 사이에는 '피해자'를 연기하는 배우가 땅바닥에 누워 있고, 실험 참가자들은 캠퍼스의 다른 동으로 이동할 때 그 모습을 보지 않을 수 없게끔 되어 있었다.

신학생들은 처음부터 두 그룹으로 나뉘었다. 첫 번째 그룹은 다른 건물로 이동하기 전에 매우 짧은 시간 내에 황급히 글을 작성해야 했다. 두 번째 그룹에게는 시간 제약이 없었다. 실험 결과, 참가자들이 교정을 가로질러 갈 때 첫 번째 그룹은 10퍼센트만 가던 길을 멈춰 피해자를 도운 반면, 두 번째 그룹은 63퍼센트가 피해자를 도왔다. '시간' 변수가 다른 모든 요인보다 우세했던 것이다. 시간적인 압박은 도덕심보다 더 강한 요인으로 보여서, 그 때문에 첫 번째 그룹에 속한 신학생들은 피해자에게 공감하지 못했다. 달리와 뱃슨이 관찰한 바에 따르면, 첫 번째 그룹의 일부 신학생들에게 시간이 늦어 서둘러야 한다고 더 심하게 재촉하자 그들은 강연장에 더 빨리 가려고 심지어 피해자를 뛰어넘기까지 했다. 착한 사마리아인의 우화에서 우리가 얻어야 할 교훈은 어쩌면 사제와 레위인이 그저 바빴다는 사실인지도 모르겠다.

이러한 사실에 비추어보면 맥락은 우리가 결정을 내리는 양상, 더 나아가 우리가 심리적으로 느끼는 바(공감, 연민 등)에 큰 영향을 미친다. 날씨[54]나 시간[55], 우리의 '내적인' 맥락(배고프거나 배부른 상태, 피로한 상태, 화가 난 상태, 두려운 상태 등)이 우리가 다른 사람에게 행동하는 방식을 조절한다. 그럼에도 우리는 누군가 위험에 처한 사람에게 도움을 줄 수 있었는데 그렇게 하지 않았다는 말을 들으면, '그 사람이 아무 일도 하지 않은 것은 비가 왔기 때문이야'라고 생각하기보다는 '거, 정말 나쁜 사람이네'라고 먼저 생각한다. 우리 자신의 일이 아니면, 이런저런 이야기를 꾸며내는 뇌는 타인의 책임을 과대평가하고 맥락의 영향력을 과소평가하는 경향이 있다.

그렇지만 우리도 응당 해야 할 일을 하지 않는 경우가 있으며, 심지어 수치스런 행동을 해놓고 그 책임을 남에게 돌리려 할 때도 많다. 고속도로에서 어떤 차가 내 앞으로 성급하게 끼어들면 '뭐 운전을 저따위로 해. 저렇게 위험하고 막되게 운전하다니!'라며 화를 낸다. 하지만 내가 직장에 늦어서 다른 차

앞으로 똑같이 끼어들면, 이렇게 생각할 것이다. '별거 아니야. 바쁘니 한 번쯤 그럴 수 있지…….' 이렇듯 우리는 다른 사람을 오직 그들의 '행동'으로 판단하지만, 자기 자신은 행동한 '의도'를 근거로 판단하는 경향이 있다. 우리가 그 의도를 알고 있기 때문이다.

자신과 타인을 이렇게 다르게 판단하는 이유는 사회적으로 상호작용할 때마다 기본적 귀인 편향fundamental attribution bias에 빠지기 때문이다. 이 편향은 앞서 언급한 다른 여러 편향들의 기초가 되는 편향으로, 어떤 사람의 행동을 판단할 때 그 사람의 성격이나 내적 특성에 과도하게 초점을 맞추고, 상황적 요인을 간과하는 경향을 의미한다. 스탠퍼드 대학교의 교수 리 로스Lee Ross가 인간이 이렇게 두 가지 다른 기준에서 판단한다는 사실을 알아냈는데, 이 차이 때문에 우리의 상호작용 방식에 불균형이 생긴다.[56] 즉 타인의 행위에 대해서 그 사람의 책임을 내세우든("정말 비겁한 사람이네, 피해자를 돕지 않았으니"), 우리 자신에 대해서 맥락을 내세우든("그게 정말 내 탓은 아니야. 비가 오고 있었잖아") 우리는 끊임없이 다른 사람을 탓하고 자신의 책임을 전가하려 한다. 모든 일이 항상 다른 누군가의 잘못이고 결코 우리의 잘못은 아니라고 자연스럽게 믿는 경향이 있는 것이다.

'이미 내려진 선택'이 가지는 문제

이렇게 외부적인 요인들은 우리가 하는 선택에 자주 영향을 미친다. 그런데 어떤 경우에는 선택이 마치 기본으로 정해져 있는 것처럼 보이기도 한다. 시민의 한 사람인 우리는 대부분 이러한 사실을 깨닫지 못한 채, 그 기본으로 정해진 선택들을 내리곤 하는데(정확히 말하면 기본으로 정해진 선택을 바꾸지 않는데), 그것이 불러오는 사회적인 결과가 가끔은 매우 중대할 때가 있다.

심리학자인 에릭 존슨Eric Johnson과 대니얼 골드스타인Daniel Goldstein은 장기 기증 사례에 관심을 갖고 사람들이 장기를 기증하지 않게 만드는 이유를 알아보았다.[57] 장기 기증자 비율은 나라마다 매우 달라서, 가령 덴마크에서는 기증자 비율이 인구의 4.25퍼센트에 불과한 반면, 스웨덴에서는 85.9퍼센트에 달한다. 그런데 이 두 나라는 문화적, 사회적으로 매우 비슷하다. 독일(12퍼센트)과 오스트리아(99.98퍼센트)의 경우도 마찬가지인데, 이 두 나라도 정치적, 사회적으로 상당히 유사하다. 그럼에도 이렇게 장기 기증자 비율에 차이가 나는 이유는 바로 국가가 기본으로 정해놓은 선택에 있었다.

독일과 덴마크 사람은 자동으로 장기 기증자가 되지 않고,

기증자 목록에 오르려면 자신이 능동적으로 어떤 조치를 취해야 한다. 반대로 스웨덴과 오스트리아 사람은 기본적으로 모두가 장기 기증자이고, 장기를 기증하지 않으려면 그 사실을 신고해야 한다. 스웨덴과 오스트리아 사람들은 대부분 기증자 목록에서 빠지려는 조치를 취하지 않았다. 마찬가지로 독일과 덴마크 사람 역시 기증자 목록에 오르려는 조치를 취하지 않았다. 양쪽에서 모든 사람들이 아무런 조치를 취하지 않았지만 이것이 미치는 의료적·사회적 영향은 완전히 정반대였던 것이다.

2018년 1월에 독일의 장기 기증자 수는 최저였고, 장기 기증을 기다리던 독일의 환자들은 EU의 다른 나라들에 의존할 수밖에 없었다.[58] 그렇다고 해서 독일 시민들이 그러한 위기에 '책임'이 있다고 볼 수 있을까? 스웨덴과 오스트리아 사람들이 독일 사람들보다 더 이타적인 것일까? 그렇지 않다. 그 나라들에서 기증자와 비기증자의 수에 차이가 나는 이유는 행정적인 맥락 때문이지 시민 개개인의 의지 때문이 아니다. 독일 사람이나 스웨덴 사람에게 '당신은 장기 기증자입니까?'라고 묻는다면, 그들은 아마 전혀 모른다고 답할 것이다. 이렇게 우리는 우리 대신 선택된, 즉 기본값으로 설정된 사항들이 있다는 사실을 대체로 알아채지 못한다. 국가 수준에서 이루어진 선택들뿐만이 아니라 일상의 곳곳에서 이런 일들이 항상 벌어지고 있는데 말이다.

여러 인터넷 사이트는 사용자들에게 가입 양식 등을 제시할 때 일부 칸을 미리 체크해놓곤 한다. 그래서 우리는 알지도 못한 채 여행자 보험 상품에 가입하거나, 프린터도 없는데 잉크 카트리지 뉴스레터를 받거나, 아마존 프라임 한 달 무료 사용에 동의한다고 생각했는데 정기 구독료를 지불하는 상황이 생기는 것이다.

그런 바람직하지 못한 행태가 늘어나자, 2014년에 유럽에서는 인터넷 양식에 자동으로 미리 체크해놓는 일을 불법화하는 법이 채택되었다. 프랑스에서는 '아몽법loi Hamon'이라고도 불리는 소비자 법을 제정해서 그 조치를 강화했다. 그럼에도 여전히 여러 웹사이트들이 강력하게 처벌받을 수 있을 그러한 일을 계속해오고 있다. 2019년 1월 22일에 프랑스의 개인정보 보호 기구인 '정보·자유 국가 위원회CNIL'는 사용자의 신뢰를 남용한 죄로 구글에 벌금 5,000만 유로를 부과했다. 실제로 구글이 사용자들에게 분명한 방식으로 동의 여부를 묻지 않고 개인 정보를 활용해왔음이 드러났기 때문이다. 이해하기 힘든 전문 용어로 쓰인 엄청난 분량의 서비스 약관을 깨알 같은 글씨로 늘어놓은 다음, "구글이 당신의 개인 정보를 활용하는 데에 동의하

십니까?"라는 질문을 던지고 거기에 미리 체크된 상태의 '동의합니다' 문구를 제시해놓았던 것이다.

　이렇듯 기본으로 정해진 선택은 우리가 깨닫지 못하지만 일상 곳곳에서 이루어진다. 프랑스어의 경우에 어떤 사람이 써 보낸 메시지가 휴대폰에서 작성되었는지 컴퓨터에서 작성되었는지 알고 싶으면, 그 사람이 보낸 새 메시지의 첫 글자를 보면 된다. 휴대폰에서 보낸 메시지라면, 첫 글자가 대문자일 가능성이 크다. 거의 모든 스마트폰의 기본 설정이 문장 첫머리 글자가 대문자로 쓰여지도록 되어 있기 때문이다. 반면에 컴퓨터에서 쓴 메시지면, 첫 글자가 소문자로 쓰여 있을 가능성이 크다. 이렇듯 일상의 사소한 일에서조차 우리는 우리도 깨닫지 못한 채, 기본으로 정해진 선택들을 무의식적으로 내리곤 한다.

넛지: 좋은 결정을 하도록
부추기는 가벼운 손짓

　　　　　　　　　　　인터넷 시대에 들어선 뒤에야 기본으로 정해진 선택이 우리 생활에 등장한 것은 아니다. 1990년대에 암스테르담 스키폴 공항에서 청소를 담당하던 요스 반 베다프Jos Van Bedaf는 남자들이 소변을 볼 때 조준을 잘 못해서 청소할 곳이 늘어나는 것이 늘 불만이었다. 어떻게 하면 변기가 지저분해지는 것을 막을 수 있을까 고민하던 베다프는 어느 날 아이디어를 하나 생각해냈다. 소변기 안쪽에 파리 모양의 스티커를 붙여놓으면 사용자들이 그 부분을 조준할 테고, 그럼 소변이 좀 덜 튀지 않을까 하는 것이었다. 그는 이 아이디어를 공항의 건물 확장 공사를 지휘하고 있던 아드 키봄Aad Kieboom에게 전했고, 키봄은 시험 삼아 소변기 몇 개에 파리 스티커를 붙여보았다. 결과는 드라마틱했다. 파리 스티커를 붙인 변기에서만 소변이 튀지 않은 것이다. 그 뒤로 암스테르담 공항은 남성 소변기 전체에 아예 파리를 새겨놓았고, 몇 달 만에 공항 청소비는 80퍼센트가 감소했다. 누군가가 깨닫지 못하게 (그리고 아무런 해를 끼치지 않고) 그 사람의 선택에 영향을 미치는 것은 공공의 이익에 득이 될 수 있다. 이 방법을 넛지nudge라고 부른다. 이는 문자 그대로 '팔꿈치로 툭 치기'라는 뜻으로, 이득이 된다고 생각되는 방향으로 사람의 행동에 슬그머니 영향을 미치는 무의식적인 심리적 독려라고 할 수 있다.

교통안전 분야에서도 운전자들이 더 책임감 있게 운전하도록 유도하기 위해 넛지를 사용할 때가 있다. 내려다보이는 경치가 멋진 시카고의 어느 낭떠러지 위는 위험한 커브 길이다.

그곳에서 차 사고가 많이 나자, 시카고시는 커브 지점이 가까워짐에 따라 흰색 차선을 점점 더 좁게 그려놓았다. 그러면 운전자들이 더 빨리 달린다는 느낌을 받아서 자연스레 속도를 늦추게 된다. 이런 단순한 착시 덕분에 그곳에서의 교통사고는 36퍼센트가 감소했다. 똑같은 방법이 2018년 6월 26일부터 프랑스 파리 14구역 일부 거리의 횡단보도에 사용되고 있다. 그 횡단보도들은 3차원으로 그려져서 마치 물리적 장애물이 있다는 느낌을 주고, 그래서 운전자들은 일반적인 횡단보도에서보다 속도를 더 많이 줄이게 된다.[59]

또 다른 넛지들은 기본으로 정해진 선택을 활용한다. 슈퍼마켓에서는 환경 보호를 위해서 이제 더 이상 비닐 봉투를 기본으로 제공하지 않는다. 영국에서는 정부의 넛지 유니트Nudge Unit가 영국 장기 기증 웹사이트 페이지에 "매일 이 페이지를 보는 수천 명이 등록을 결심합니다"라는 문구를 더해서 사용자들이 사회에 순응하고자 하는 욕구를 자극한다. 수천 명이 등록한다면 자기도 그렇게 하려는 마음이 들 것이기 때문이다. 그렇게 기증자 목록에 가입하고 등록한 비율이 1년 만에 2.3퍼센트에서 3.2퍼센트로 올라갔으며 추가 등록자 수만 9만 6,000명에 달했다.[60] 프랑스에서도 '부드러운 독려'가 점점 더 많이 이루어지면서 '공공 부문 개선 부서 상호간 감독부DITP' 내에 공공 정책 응용 행동 과학 부서가 창설되었다. 리옹시에서는 지하철역에서 이용자들이 에스컬레이터보다는 계단을 더 많이 이용해서 더 많이 움직이도록 독려하고자 계단에 색깔을 칠했다. 낭트시에서는 주민들에게 가정 폐기물의 분리수거 필요성을 인식하게 만들고자 분리수거 휴지통에 거리 미술가들의 멋진 그림을 그려놓았다.

이처럼 넛지는 방법이 단순한 데다 크게 비용을 들이지 않고도 실행 가능하기 때문에 오늘날 많은 공공 기관들의 관심을 받고 있다. 이는 적은 비용으로 시민들이 더 바람직한 행동을 하도록 만드는 방법이다. 다만 넛지는 사람들이 그것이 넛지임을 인식하거나 그 행위에 익숙해지면 그 영향력이 약화되거나 심지어 사라진다는 사실이 증명된 바 있는 만큼 사용에 주의를 기울여야 한다.[61]

상황은 때론
우리를 비인간적으로 만든다

우리의 행동은 우리 스스로는 잘 의식하지 못하지만 타인의 영향을 아주 크게 받는다. 이는 우리가 사회적 신호에 예민하도록 만들어졌고 그렇게 조건화되었기 때문이다.

함께 살아가며 가치를 공유하고 함께 즐기고 집단이나 도시, 국가를 이루려면 우리는 다른 사람들이 보내는 '신호'를 알아채야 한다. 음악이나 음식에 대한 개인적 취향, 종교적 믿음, 어릴 적 친구들, 좋아하는 색깔, 응원하는 축구팀, 자신이 속한 정당 등 우리가 가진 많은 특성들은 대부분 우리가 태어난 장소와 성장한 도시, 가까운 사람들의 사회적 조건에 따라 달라진다. 이것을 사회적 맥락social context이라고 부른다. 이는 우리가 스스로 선택하지 않은 요인들로, 이를 통해 우리는 이러저러한 취향과 확신, 믿음, 다시 말해 우리만의 문화를 가지게 된다.

이처럼 타인이 보내는 신호에 끊임없이 레이더를 돌리다 보니 때론 나의 신념이나 진짜로 원하는 마음 때문이 아니라 타인을 모방해서 행동하게끔 만드는 집단의 역동이 존재하는데, 이를 사회적 순응social conformity이라고 한다. 이에 관한 나의 개인적인 일화를 하나 들려주도록 하겠다. 나는 어렸을 때 학교에서 친구들과 '천장 올려다보기'라고 이름 붙인 놀이를 즐겨 하곤 했다. 방식은 간단하다. 그 당시에 한 학급의 학생 수는 대략 서른한 명이었는데,* 그중에서 열몇 명이 갑자기 동시에 천

---

* 서른한 명이 정확한 수치라고 생각될지 모른다. 그리고 내가 "약 서른 명"이라

장을 올려다보는 것이다. 그러면 우리끼리 약속한 것을 전혀 모르는 다른 학생들은 우리를 따라 덩달아 천장을 올려다봤다. 천장에는 아무것도 없었지만, 모두가 (심지어 선생님도) 속아 넘어가는 모습을 보는 게 나와 친구들은 너무 재미났다! 이처럼 미리 조율된 사회적 신호는 다른 사람들의 행동에 영향을 미친다. 모방하려는 욕구가 우리 마음속에 깊이 박혀 있기 때문인데, 그 욕구는 아주 어릴 때부터 나타난다.

사회 심리학의 개척자인 솔로몬 애쉬 Solomon Asch는 1951년에 단순한 지각 과제를 수행하는 상황(즉 눈앞에 보이는 것을 평가하는 일)에서조차도 집단 역학이 그 집단을 구성하는 개인들에게 영향을 미친다는 사실을 증명하는 실험을 했다.[62] 이 실험을 위해 그는 자기가 가르치는 학생 몇 명을 모아서 그들에게 다음에 나오는 그림처럼 줄이 한 개 그려진 카드를 보여준 다음, 길이가 뚜렷이 서로 다른 줄 세 개가 그려진 카드를 보여주었다.

고 했다면, 그게 더 그럴듯한 어림수라고 느꼈을 것이다. 하지만 이는 습관에 따른 편향이고, 31은 30이나 35와 마찬가지로 어림잡은 수다. "나는 13분 후에 도착해"라는 말은 "나는 10분 후에 도착해"라는 말보다 사실 더 정확하지 않다. 우리가 어림짐작해서 말할 때 자주 '반올림한' 수를 사용하는 경향이 있어서 전자가 더 정확하다는 느낌을 주지만 말이다.

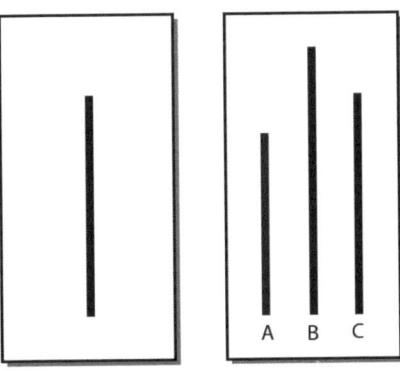

 애쉬는 학생들에게 두 번째 카드의 줄 세 개 중 어느 것이 첫 번째 카드에 나오는 줄과 길이가 같은지 고르라고 했다. 과제는 너무도 간단했다(이것이 의도한 바다). 학생들은 한 명씩 돌아가며 모든 사람 앞에서 자기가 생각하는 답을 말한다. 사실 학생들은 단 한 명, 즉 '진짜' 실험 대상자 한 명만 빼고 모두가 이 상황이 실험임을 알고 있다. 이 '가짜' 실험 참가자들은 매번 참이거나 거짓인 똑같은 대답을 하라는 지시를 받았다. 애쉬는 이 실험을 열여덟 번을 실시했는데, '진짜' 실험 대상자도 거의 40퍼센트가 틀린 대답을 했다. 이는 과제가 그토록 간단하다는 사실을 감안하면 엄청난 수치다. 애쉬는 비교를 위해 '참조' 학생 집단에게도 똑같은 과제를 시켰는데, 그들은 99퍼센트가 옳은 답을 했다. 이처럼 집단이 가하는 압력은 정답이 명백한 과제를 수행할 때조차 우리가 쉽게 오류를 범하게 만든다.

"인간은 양떼라서 스스로 생각하지 못하고 남들이 자기 대신 생각해주기를 바라지"라는 비난 섞인 말을 들어본 적이 있을 것이다. 보통 이 말은 그런 견해가 널리 퍼져 있는 특정 사회 집단에 속한 사람들이 한다. 그러나 재밌는 사실은, 이런 '순응에 대한 비판' 역시 (그 말을 하는 사람조차 깨닫지 못하겠지만) 바로 그들이 비판하는 '순응'의 한 예라는 것이다.

사회적 순응의 압박은 20세기의 저명한 사회 심리학자 중 한 명인 스탠리 밀그램Stanley Milgram이 밝혀낸 개념이다. 인정받은 권위자 앞에서 사람이 어느 정도로 판단력을 잃는지 알아보기 위해서, 밀그램은 남녀로 이루어진 집단을 구성했다. 그들 앞에는 몸에 전극을 여러 개 단 남자 한 명이 의자에 앉아 있다. 그 사람은 배우지만, 실험 참가자들은 그 사실을 모른다. 밀그램은 전기 충격을 일으키는 원격 조종 장치를 실험 대상자들에게 나눠준 다음, 배우에게 전기 충격을 가하라고 요구한다. 실험 참가자들이 장치를 누르면 배우는 전기 충격이 가해진 척 심하게 고통받는 모습을 연기한다. 그런 다음 밀그램은 실험이 진행됨에 따라 전압이 점점 더 강해질 거라 설명하며 계속 전기 충격을 가할 것을 요구한다. 놀랍게도 대부분 실험 참가자들은 전압이 사람을 죽게 만들 만큼 엄청나게 높아지는데도 아랑곳하지 않고 원격 조종 장치를 계속해서 눌렀다. 실험 진행자의 '권위'에 복종한 나머지, 상대가 고통스러워함에도 불구하고 명령에 따라 계속 전기 충격을 준 것이다.

이 실험은 2010년 3월에 프랑스 한 TV 채널에서 방영된 프로그램 '죽음의 게임-극한 구역'에서 재현되었다. 이때 참가자들은 관객의 열광적인 응원을 받았고, 전기 충격을 가할 때마다 돈을 받았다. 권위자인 진행자가 독려하고, 그들을 응원하는 관객들에 둘러싸여 있으며, 대가로 돈까지 받은 그들은 전기 충격을 계속해서 가했다. 그들이 특별히 가학적이거나 비인간적이라서가 아니라 맥락이 그들을 그렇게 하도록 조장했기 때문이다. 참가자의 81퍼센트는 그들 앞에 있는 남자를 죽음에 이르게 만들 만큼의 전기 충격을 내보냈다.

필자를 비롯해 많은 곳에서 밀그램의 실험 및 예시들을 인용하곤 한다. 그 실험이 비교적 잘 알려져 있는 데다 사람의 행동에 우려스러운 영향을 미치는 맥락의 힘을 잘 보여주기 때문이다. 하지만 그 실험 결과는 심리학자들 사이에서도 상당히 논쟁적이며, 밀그램이 지닌 복종과 권위에 대한 관점은 조금 과장된 측면이 있음을 알아야 한다. 사실 사람은 밀그램의 실험 결과가 말하는 것보다는 권위에 더 많이 저항하는 경향이 있다. 최근에 이루어진 한 연구에 따르면, 밀그램의 실험에 참여했던 사람들 대부분은 자기가 실험에 참여하고 있으며, 앞에 있는 남자가 진짜로 죽을 위험에 처한 것은 아니라는 사실을 내심 알았던 것 같다.[63]

사회적 순응과 대중의 지혜

이렇게 우리는 사회적으로 순응하려는 무의식적인 욕망 때문에 눈이 멀기도 하지만, 어떤 상황에서는 집단이 하는 선택에 순응하는 것이 합리적이고, 심지어 진화적인 관점에서 유익하기도 하다. 4장에서 말한 스트레스 전파 사례가 그렇다. 스트레스는 쉽게 전달되는 사회적 신호로서 우리가 어떤 위험에 직면했을 때 그 위험이 눈에 직접 보이지 않더라도 거기에 대처할 수 있게 한다. 내가 길거리에 있는데 많은 사람이 한 방향으로 달리기 시작한다면, 그 모습을 보는 나는 그들이 왜 그러는지 이해하지는 못해도 그들과 같은 방향으로 달리는 것이, 달리지 않고 다른 사람들이 도망치려 하는 위험에 맞닥뜨리는 것보다 더 이롭다.

안전의 측면을 넘어서, 사회적 순응은 사람들과 민족들 사이에 결속력도 만들어낸다. 2012년 한국에서 돌풍을 일으키기 시작해 프랑스까지 전해진 〈강남스타일〉 춤 같은 어떤 현상들은 전 세계로 빠르게 퍼졌다. 유럽과 아시아, 아메리카 대륙에서 모든 사람이 같은 리듬에 맞추어 똑같은 춤을 추는데, 이는 우리가 같은 세상에서 함께 산다는 느낌을 강하게 만들고, 이러한 생각은 대중문화를 이끄는 원동력의 기초가 된다. 대형 스포츠 행사도 사람들을 하나로 모은다. 2018년 7월 15일에 월드컵 결승에서 프랑스 국가 대표팀이 승리한 것은 프랑스 국민을 한데 결속시키는 계기였다. 그해 월드컵에서 멕시코가 독일에 맞서 한 골을 득점했을 때, 멕시코의 지진계는 사람들이 환호하며 뛰어올라 생긴 인공 '지진'을 포착했다고 한다![64]

대중의 지혜라는 주제에 관심을 가진 아르헨티나의 학자 호아킨 나바하스Joaquin Navajas는 5,180명의 실험 참가자들에게 에펠탑의 높이, 멕시코의 인구, 브라질의 면적 같은 일반 상식 문제들을 내고 이에 답하게 했다.[65] 실험은 총 세 단계로 이루어졌다. 먼저 참가자들은 개별적으로 그 질문들에 답했다. 그다음에는 다섯 명씩 소그룹을 지어서 몇 분 동안 의논하게 한 뒤 합의한 답을 내도록 했다. 끝으로, 모든 참가자에게 처음에 자기가 한 대답을 수정할 수 있게 했다. 그 결과, 소그룹이 제시한 대답이 참가자 전체가 개별적으로 한 대답의 평균보다 더 정확했다. 이 같은 결과는 결정을 내리는 집단을 구성하는 사람의 수가 결과의 타당성을 결정하는 중요한 요인임을 잘 보여준다. 우리가 제각기 하는 대답은 덜 정확하다. 하지만 소집단을 이루어 생각하면 각자 혼자 생각하는 것보다 더 타당한 결정을 내릴 수 있다.

사회적 맥락은 우리가 내리는 결정에 많은 영향을 미치는데, 사회적 압박이 뚜렷하게 식별되지 않을 때 특히 그렇다. 대도시 관광지에서 컵 몇 개와 공 하나를 가지고 야바위 게임을 하는 사람을 본 적 있을지 모르겠다. 처음에 야바위꾼은 컵과 공을 가지고 혼자서 게임을 하고 있다. 그러다 당신이 그 탁자 옆을 지나갈 때, 옆에서 길을 걷던 다른 사람들이 호기심에 멈춰 서서 구경을 하거나 게임을 하기 시작한다. 사실 그들 중 서너 명은 야바위꾼과 한통속이다. 그들의 역할은 사회적으로 순응하려는 느낌을 불러일으켜서 당신도 멈춰 서서 게임을 하고 싶게 만드는 것이다. 당신은 주변 사람들이 게임하는 모습을 얼마간 지켜보면서, 그들(공모자들)이 상당한 돈을 쉽게 버는 모습을 목격한다. 그 게임이 왠지 쉬워 보인 당신은 한 번 해볼 만하겠다고 생각한다. 이때쯤 되면 야바위꾼은 당신과 암묵적인 동조 관계를 만드는 척할 것이다. 예를 들면 공모자 중 한 사람이 게임을 할 때, 야바위꾼은 당신이 보기에 약간 지나칠 만큼 분명하게 공이 어디에 있는지 보여준다. 그리고 게임에 참가하는 공모자는 일부러 져서 당신이 감정적 반응을 일으키며 자연스레 다음과 같은 생각을 하게 만든다. "저 사람 멍청한 거야 뭐야. 공이 당연히 저쪽 컵 밑에 있잖아." 그러면 공모자 중 한 사람이 당신이 미끼를 물었음을 눈치채고 공짜로 시험 삼아 게임을 한 번 해보라며 유인한 다음, 당신이 이기도록 놔둔다. 그런 뒤 당신이 아까 돈을 걸었다면 200유로를 벌었을 거라고 말하며 당신을 부조화 상태에 빠뜨린다. 여기까지 왔다면 당신은 미끼를 물었고 이제 돌이킬 수 없게 된다. 게임하는 탁자에는 특수한 장치들이 있어서 사기꾼은 수십 가지 방식으로 당신이 지도록 만들 수 있다. 그렇게 당신은 금세 빈털터리가 되고 만다. 언젠가 그런 게임을 하는 사람을 만나면 잘 관찰해보라. 그 방식을 해독하다 보면 참으로 재미있다. 하지만 돈을 따리라고 생각하면서 그 게임을 하지는 말라. 돈을 잃을 것이 뻔하기 때문이다! 이처럼 우리는 다른 사람들이 보는 앞에서 타인과 상호작용할 때면 무의식적인 사회적 압박을 느끼기 마련이고, 그 압박 때문에 가끔 상식에 벗어나는 행동을 하곤 한다.

여러 명일수록 도움의 손길이 줄어드는 이유

어느 날, 젊은 여성 환자가 정신적으로 큰 충격을 받았던 경험을 나에게 털어놓은 적이 있다. 그 일은 대낮에 파리의 한 시내버스 안에서 벌어졌다. 당시 버스는 승객들로 반쯤 차 있었는데, 뒤쪽의 네 명이 마주보는 좌석이 비어 있었다. 그녀는 거기에 앉았다. 다음 정류장에서 남자 세 명이 버스에 올라탔고 그들은 그녀를 에워싸고 앉았다. 처음에 그들은 저속한 농담을 두세 마디 던지더니 이윽고 다른 승객들이 모두 보는 가운데 차츰 그녀를 신체적으로 괴롭히기 시작했다. 그녀는 "건드리지 말아요!"라고 큰 소리로 말했지만 그들 중 한 명이 그녀의 토트백을 가져가며 "이 가방에 뭐가 들었는지 말해 봐"라고 외쳤고, 다른 한 명은 그녀의 허벅지를 만지며 "무섭구나?"라고 말했다. 그녀는 겁에 질려서 다음 역에서 황급히 도망치듯 내렸다. 버스의 문이 닫힐 때, 그녀는 그들이 "망할 년!"이라고 외치는 소리를 들었다. 그녀는 이야기 끝에 무엇이 가장 충격적이었는지 말했다. "내가 지하철보다 버스를 타는 이유는 지하철에서는 나한테 무슨 일이 생겨도 아무도 꿈쩍하지 않을 거라는 걸 알기 때문이에요. 하지만 버스에는 운전기사가 있고, 사람들도 더 가까이 있잖아요. 그런데 승객들은 내가 괴롭힘당하는 것을 뻔히 보면서도 모두 그저 불편한 기색만 보일 뿐 무관심했어요."

이 이야기를 들은 사람 대부분은 이렇게 생각할 것이다. "내가 그 자리에 있었다면 뭐라도 했을 거야." 물론 그 말은 사실일지 모른다. 하지만 당신의 행동은 사안의 심각성보다는 그 괴롭힘이 벌어지는 자리에 있는 사람 수에 달려 있을 가능성이 크다. 미국의 심리학자 존 달리John Darley와 빕 라타네Bibb Latané는 사고가 생기거나 폭행이 이루어질 때, 현장에 있는 사람의 수와 그 장면을 보는 사람들이 행동하느냐 여부 사이에 유의미한 상관관계가 있음을 증명했다. 그들은 배우를 섭외해 공공장소에서 뇌전증 발작이 온 연기를 하도록 시켰고, 이때 사람들이 상황에 따라 어떤 반응을 보이는지 관찰했다. 결과는 놀라웠는데, 행인들은 그 자리에 혼자 있으면 85퍼센트가 피해자를 도왔고, 다른 사람 한 명과 함께 있으면 62퍼센트가 도왔으며, 다른 사람이 네 명 이상이 있으면 31퍼센트만 피해자를 도왔다.[66] 다시 말해 목격자가 많을수록 사람들은 행동을 덜 했다. 혼자 있고 모든 일의 책임이 자기한테만 달려 있을 때보다 책임감을 덜 느끼기 때문이다. 이러한 메커니즘을 '책임의 분산'이라고 부른다. 나는 다른 사람이 행동할 거라고 생각하는데, 다른 사람도 나처럼 생각하므로 결국 그 누구도 행동하지 않는 것이다.

　이런 책임의 분산이 일어나는 것을 방지하기 위해 파리에서는 대중교통 내에서 모든 사람이 개인적으로 책임감을 느끼도록 캠페인을 실시했다. 파리교통공사는 2018년 3월에 파리의 버스와 지하철 내에서 괴롭힘을 방지하는 게시물을 붙여 캠페인을 벌이기 시작했고, 그 이후로도 정기적으로 다음과 같은 메시지를 방송한다. "괴롭힘을 당하거나 그런 상황을 목격하면, 31 177로 SMS를 보내거나 31 17로 전화하십시오."

우리에게 필요한 것은
연대의 사슬이다

　　　　　　　　집단의 역동은 이렇게 비겁함으로 이어질 수 있지만, 때론 연대감으로 이어질 수도 있다. 어떤 때는 단 한 사람의 행동이 불씨가 되어 거센 집단적 움직임이 일어나기도 한다.

　2015년 레바논에서는 '쓰레기 대란'이 몇 달 동안 계속됐는데 아무도 거기에 대응하지 않았다. 어느 날, 젊은이 10여 명이 국회 앞에서 현수막과 플래카드를 들고 그 상황에 대한 불만을 표출했다. 금세 100여 명이 거기에 합세했고, 결국 수천 명이 거리로 나와서 시위를 벌였다. 이는 총인구가 400만 명에 불과한 레바논 역사상 자발적으로 벌어진 가장 큰 대중 운동이었는데, 그 시작은 고작 10명의 젊은이들이 벌인 아주 작은 집단 행동이었다.

역사에 큰 영향을 미친 대규모 대중 궐기들이 그렇게 시작되었다. 후일 '아랍의 봄'으로 명명된 아랍권의 대규모 민주화 시위 역시 그 시작은 작은 불씨 하나였다.[67] 2010년 12월, 스물여섯 살의 튀니지 청년 무함마드 부아지지Mohamed Bouazizi는 노점을 운영하던 중 경찰에게 자기가 팔던 상품을 몰수당하고 심하게 구타당한다. 사실 그가 이러한 일을 당한 건 처음이 아니었다. 집안이 매우 가난했던 그는 동생들을 부양하기 위해서 고등학교 마지막 해에 학업을 중단해야 했다. 그는 튀니지의 취직난 때문에 몇 년 동안 직업을 구하지 못했고, 결국 불법 노점상을 하며 과일과 야채를 팔기 시작했다. 경찰에게 여러 번 모멸감을 느끼고 더 이상 벌금 낼 돈조차 없던 그는 결국 2010년 12월 17일에 시디 부지드시 경시청 앞에서 분신자살한다. 튀니지 국민 대다수가 일상적으로 벌어지는 경찰의 가혹 행위를 더 이상 견디지 못하고 있던 상황이었다. 경찰은 23년 동안 집권해온 벤 알리Ben Ali 대통령의 독재를 상징했다. 한 개인의 절망과 분노, 항의가 표출된 행위는 국민적인 반발을 일으키는 기폭제가 되었다. 며칠 후에 튀니지 국민 수천만 명이 부아지지의 관 뒤를 따라 걸었다. 그로부터 몇 주 후, 벤 알리 대통령이 출국해 해외로 도피했고 튀니지 정권은 무너졌다. 뒤이어 이 반 독재 움직임은 이집트, 리비아, 시리아 등 다른 아랍 국가들로 퍼졌다.

이보다 더 작은 규모로 프랑스에서 벌어진 노란 조끼 운동도 이와 비슷한 사례라고 할 수 있다. 2018년 10월 10일에 화물 트럭 운전사 에리크 드루에Éric Drouet는 정부가 발표한 유류 가격 인상에 반대하는 시위를 하자는 페이스북 이벤트를 만들었다. 그로부터 사흘 후에 프리실라 뤼도스키Priscilla Ludosky는 유류 가격 인하를 요구하는 온라인 청원을 낸다. 수십만 명이 금세 거기에 합세했고(한 달 만에 110만 명) 수만 명이 거리로 나와 원형 교차로들을 점거하고 불만을 표출했다. 노란 조끼 운동은 프랑스의 국경을 넘어서 여러 나라(특히 이탈리아와 영국)에서 빈곤화와 생활 수준 저하에 대한 국민들의 반발과 분노의 상징이 되었다.

/ 10 /

정신적으로 더 유연해지기 위한 기술

> 숙고한다는 것은 '견해를 바꾼다'는 말을 우아하게 하는 하나의 방식에 불과하다.
>
> 드라마 '닥터 후' 중에서

지금까지 우리는 뇌가 우리를 어떤 식으로 속이는지, 그로 인해 우리가 얼마나 많은 편향에 빠진 채 살아가는지 살펴보았다. 뇌가 우리에게 파놓은 함정들을 피해가는 마법 같은 방법이나 우리를 편향에 빠지지 않게 해주는 단순하고 즉각적인 해결책 같은 것이 있다면 정말 좋을 것이다. 그러나 그런 것은 존재하지 않는다. 하지만 최소한 편향을 일으키는 메커니즘에 관심을 가짐으로써 그 부정적인 영향에 맞서는 노력을 할 수는 있다. 이제부터 뇌가 우리에게 좋지 않은 방식으로 기교를 부릴 때, 이에 제대로 대처하기 위한 실용적인 조언들을 살펴보기로 하자.

자동적 사고를 넘어
메타 인지 사용하기

사람의 뇌는 자연스럽게 자동적 사고와 감정, 행동을 만들어낸다. 이를 심리학자들은 휴리스틱이라고 부르는데, 우리는 휴리스틱 덕분에 다양한 뉘앙스들을 일일이 파악하기에는 너무나 복잡한 세상에서도 무리 없이 살아갈 수 있다. 휴리스틱에는 부차적인 생각들이 포개진다. 이는 우리 머릿속에서 들리는 작은 목소리로, 우리가 하는 생각에 대한 생각이다. 이를 '메타 인지metacognition'라고 부른다. 만약 어떤 인지 편향이 우리에게 해로운 영향을 끼친다고 판단된다면, 우리는 바로 이 메타 인지를 통해 편향에서 벗어나는 행동을 할 수 있다.

다음 상황을 상상해보자. 빅토르는 질투심이 많아서 자기 여자 친구가 바람을 피운다는 생각이 들 때마다 스트레스를 받고 일상생활이 힘들어진다. 빅토르가 여자 친구에게 전화를 했는데 그녀가 전화를 받지 않으면, 빅토르는 곧바로 그녀가 다른 남자를 만난다는 생각을 하게 된다. 빅토르의 마음속에서 어떤 목소리가 이렇게 말하는 것이다. "그녀는 다른 남자를 만나고 있는 게 확실해." 생각에 대한 이 생각은 처음 든 생각을 더 강하게 만들고, 빅토르가 여자 친구에게 더 자주 전화하게 만든다. 전화를 걸어서 응답이 없으면, 그 한 통 한 통은 그녀가 부정을 저지른다는 새로운 증거가 되어 상황은 점점 더 최악으로 치닫는다. 악순환의 반복인 것이다.

맨 처음 드는 생각에는 우리가 영향력을 행사할 수가 없다. 그 생각은 너무 빠르고 자동적이기 때문이다. 하지만 메타 인지에는 영향을 미칠 수 있다. 이렇게 메타 인지를 통제하는 목적은 해로운 자동적 사고의 '타당성'을 없애는 것이다. 처음에 떠오르게 되는 자동적인 생각에 대해 우리는 책임감을 느낄 필요가 없다. 아무도 스스로 선택해서 질투하거나 인색해지거나 치사해지지는 않기 때문이다. 반면 메타 인지에는 우리 스스로 개입할 수 있으며 또 그래야만 한다. 그러므로 문제 상황에 관한 최초의 자동적 사고와 감정을 식별해낸 다음에, 그 생각과 메타 인지 사이에 거리를 넓히는 방법을 배워야 한다. 그렇게 됐을 때 메타 인지는 최초의 사고를 강화시키지 않고 우리가 악순환에 빠지는 것을 막아줄 수 있다.

빅토르가 질투하는 상황에 대하여 메타 인지 훈련을 받았다고 상상해보자. 그가 여자 친구에게 전화를 했는데, 그녀가 전화를 받지 않는다. 빅토르의 마음속에서 자동적으로 작은 목소리("그녀가 바람을 피우는 게 확실해")가 튀어나온다. 빅토르는 그 목소리가 계속 들리게 놔두는 대신 "그녀가 지금 아마도 지하철 안에 있거나, 친구 집에 있거나, 자기 어머니랑 통화하고 있을 거야. 조금 있다가 나한테 전화하겠지"라는 또 다른 마음속 독백으로 맞대응하며 최초의 목소리를 의심한다. 그러면 질투와 연관된 생리적인 스트레스 반응이 약해진다. 그렇게 빅토르는 조금 더 차분하게 호흡할 수 있게 되고, 전화기를 내려놓고 하던 일을 계속하기가 조금 더 수월해진다. 그는 자기가 한 최초의 사고의 영향력을 감소시켰다. 빅토르는 이런 메타 인지 통제 훈련을 반복함으로써 정신적 유연성을 기르고 병적인 질투심에서 치유될 가능성이 더 높아질 것이다.

이러한 메타 인지 통제 기법은 오늘날 임상 심리학에서 치료 수단으로 점점 더 많이 사용되고 있다.[68] 나도 환자들에게 종종 이 기법을 활용한다. 나아가 이 기법의 효과를 높이기 위해 다른 기법과 결합하기도 한다. 심리교육은 메타 인지 통제와 상당히 비슷한 방법으로, 환자가 자기 뇌에서 벌어지는 심리적 기제를 투명하게 볼 수 있게 한다. 심리교육 기법들의 목적은 심리적 질환에 시달리는 사람이 자신의 공포증이나 불안의 시초가 되는 심리적 기제를 더 잘 이해함으로써 스스로 해결책을 만들어내도록 돕는 것이다. 나는 최근에 강박 장애를 겪고 있는 청년 한 명을 환자로 받았다. 그에게는 절대적으로 완벽하지 않은 모든 것이 고통을 불러일으키는 원인이다. 그가 나에게 설명하기를, 건강한 사람이라면 전혀 보지도 못할 것(예를 들면 정확하게 제자리에 있지 않은 물건, 유리컵에 있는 자그마한 석회질 자국 등)이 눈에 띄고, 그것이 자신에게 끔찍한 불안, 심지어 죽고 싶은 충동마저 일으킨다고 했다. 나는 그에게 그가 세상을 완전히 이분법적으로 보기 때문에 고통받는 것이라고 설명해주었다. 그에게 완벽하지 않은 것은 전혀 가치가 없다. 그래서 나는 그에게 불안이 심해지려는 느낌이 들 때마다 이분법적인 사고 때문에 불안해진다는 사실을 떠올리라고 조언했다. 이 방법만으로 그가 강박 장애에서 완전히 치유될 수는 없겠지만, 불안을 일으키는 생각을 더 잘 관리하기 위한 첫걸음을 시작할 수는 있을 것이다.

당신이 만약 강박 장애나 사회 공포증 같은 심리적 장애를 겪고 있거나, 부정적인 사고 또는 감정 때문에 고통받고 있다면, 거기에서 생기는 메타 인지에 대하여 세 가지 기본적인 질문을 던져보길 권한다.

- 자동적으로 떠오르는 사고는 어떤 구체적인 요소들에 근거를 두고 있는가?
- 그 사고 또는 감정이 비생산적인가? 그 생각이 주기적으로 떠오르며 당신을 악순환에 가두는가?
- 당신의 친구가 그런 식의 생각을 한다고 당신에게 말한다면, 당신은 그 친구에게 어떤 충고를 해주겠는가?

불안을 일으키는 상황이 벌어질 때마다 이런 질문을 던지면 차츰 그 상황과 거리를 둘 수 있다. 그러면 장기적으로는 해로운 자동적 사고가 생기는 빈도가 줄어들 것이다.

가짜 뉴스의 홍수에서 살아남기 위한 여섯 가지 생존 지침

뇌는 어림짐작하고 재빨리 단순화하는 식으로 작동하면서 우리를 종종 오류에 빠뜨리곤 한다. 그런 일이 벌어지는 이유는 우리가 대다수의 주제에 대하여 부분적인 정보와 매우 제한된 지식만을 갖고 있기 때문이다. 하지만 그럼에도 우리는 우리의 믿음과 견해가 타당하다고 믿으려 한다. 내가 틀렸다고 인정하는 것만큼이나 기분 나쁜 일은 없기 때문이다.

그러므로 내가 확신하고 있는 것이 과연 옳은지 알아보기 위해서는 내가 어떤 특정한 견해를 갖는 '이유'에 집중하는 것이 좋다. 그렇게 함으로써 문제가 되는 견해 자체에 계속 집착하기보다는 새로운 정보들을 받아들이고 그에 맞춰 나의 견해를 더 쉽게 재평가할 수 있다. 또 오래전부터 갖고 있던 믿음과 견해든 이제 막 얻은 것이든, 나의 믿음과 견해에 신뢰 지수를 부여할 수 있다. 이를 위해 주어진 어떤 주제에 대해 우리가 갖고 있는 지식에 일정한 신뢰도 백분율을 부여해보도록 하자. 신뢰 지수를 부여하는 목적은, 이분법적 사고(나는 안다/나는 모른다)보다는 단계적 사고(나는 그것에 대해 많이 안다/거의 모른다)를 택함으로써, 어느 순간에 의심하고 어느 순간에 자신을 신뢰할지 아는 것이다.

천문학자 칼 세이건Carl Sagan은 자신의 책 《악령이 출몰하는 세상》에서 우리가 쉽게 받아들이고 믿는 정보들의 신뢰도를 평가하기 위한 훌륭한 도구를 제시한다.[69] 필자가 속한 키아스마Chiasma 협회에서는 세이건의 저서에서 아이디어를 얻어, 온갖 설득의 표현들이 가장 많이 동원되는 선거 기간에 활용할 수 있는 생존 가이드를 작성했다. 물론 여기에 나오는 조언들은 꼭 선거 기간이 아니어도 언제나 유효하다.

- **조언 1: 인신공격은 옳지 않다.** 즉 어떤 사람의 직함이나 지위를 이유로 들어서 그 사람을 공격하는 논거를 경계하라. 2017년 프랑스 대선 때, 1차 투표와 결선 투표 사이에 이루어진 후보자 토론회에서 에마뉘엘 마크롱Emmanuel Macron에 맞선 마린 르펜Marine Le Pen은 인신공격의 선수였다. 그녀는 마크롱을 선거 공약으로 공격하지 않고 "시스템과 엘리트층의 총아", "올랑드* 주니어", "야만적인 세계화 후보"라고 비난했다. 미국의 도널드 트럼프도 같은 기법을 자주 사용한다. 2016년에 엑스(구 트위터)에서 그가 공화당 경선에서 가장 강력한 경쟁자 중 한 명인 밋 롬니Mitt Romney를 비판하며 논거로 든 말은 그가 "절뚝거리는 멍청한 새처럼" 걷는다는 것이었다!

- **조언 2: 권위에 호소하는 논증을 조심하라.** 누군가가 자신의 계급이나 지위, 직업을 내세울 때에는 그가 드는 논거가 평범한 사람이 제시한 논거와 똑같이 합당한지 검토해 봐야 한다. 미국의 리처드 닉슨Richard Nixon 전 대통령은 자신의 첫 번째 임기가 끝나가는 1970년에 국민적으로 지탄

---

* 전 프랑스 대통령인 프랑수아 올랑드François Hollande. —옮긴이

받던 베트남 전쟁을 어떻게 종결할지 안다고 말함으로써 미국 유권자들의 지지를 얻었다. 하지만 그는 그 일을 어떻게 해낼지는 전혀 설명하지 않았다. 그는 대통령이라는 지위를 활용해서 유권자들이 자신에게 투표하도록 설득했지만, 그 당시에 미국이 베트남에 폭탄을 더 많이 투하하는 상황은 그의 대선 공약과 모순되었다.

- **조언 3: 거짓 유추를 가려내라.** 거짓 유추는 서로 공통되는 점이 거의 없어서 비교가 불가능한 두 사물이나 상황을 비교하는 논거다. 2017년 프랑스 대선 기간에 좌파당 후보인 장뤼크 멜랑숑Jean-Luc Mélenchon은 가령 이렇게 말한 바 있다. "나는 거리마다 도로법을 제정하자는 데 동의하지 않는 것처럼, 기업마다 노동법을 제정하자는 데 동의하지 않습니다." 매력적인 문구지만, 이 말을 들으면서 도로법과 노동법은 본질적으로 아무 관련성이 없다는 사실을 잊어서는 안 된다.

- **조언 4: 감정적 호소에 넘어가지 말라.** 예를 들면, 현재 프랑스에서 국경을 무제한으로 개방한다느니, 수백만 프랑스인이 실업 상태이거나 최저 수입도 없이 가난하게 사는

데 온 세계의 불운을 책임지려 한다는 말에 넘어가서는 안 된다. 이러한 논거를 제시하는 목적은, 강한 감정(대체로 두려움이나 분노)을 북돋아 본능적인 반응을 일으켜서 사실에 근거한 증거 없이 어떤 특정한 생각에 쉽게 동조하게 만들려는 것이다.

- **조언 5:** 고립된 하나의 사실 또는 하나의 사례를 바탕으로 일반적인 결론을 끌어내는 **일화적 증거보다 과학적 증거를 믿어라.** 일화적 증거의 예는 "전쟁 비디오 게임을 금지해야 한다. 어떤 학생이 그 게임을 한 다음에 학교 친구들을 공격했기 때문이다" 같은 것이다. 이 진술은 똑같은 게임을 한 다른 모든 청소년들이 무기를 들고 친구들을 공격하지 않았다는 사실을 감안하지 않는다. 게다가 위 진술은 폭력적인 비디오 게임을 하는 것과 다른 청소년들을 공격하는 것 사이의 인과 관계를 명시하지 않는다.

- **조언 6: 거짓 등가성을 피하라.** 예를 들면 어느 정치인이 비리를 저질렀다고 해서 모든 정치인들이 '부패'했다고 주장해야 하는 것은 아니다. 그 둘은 미묘한 차이가 있다.

생각의 게으름뱅이가
되지 않으려면

움베르토 에코는 생애 거의 막바지에 쓴 시평에서 이런 말을 했다.

"과거에는 기만적인 생각이 있어도 그걸 듣는 사람이 아무도 없으면 자연히 사라졌는데, 오늘날은 그런 생각이 일파만파로 퍼져 많은 사람에게 가닿을 수 있게 되었다."

미국 케임브리지 교수인 시난 아랄Sinan Aral은 이 생각에 수치를 부여했다.[70] 그는 2018년 〈사이언스Science〉에 게재한 논문에서, 절반은 가짜고 절반은 진짜인 12만 8,000개의 정보가 인터넷에서 유통된 경로를 추적한 MIT의 연구를 전한다. 그 결과를 분석하니 가짜 정보가 진짜 정보보다 여섯 배 더 빨리 전파되었음을 알 수 있었다. 이때 클릭을 끌어낸 최고의 원동력은 단순함, 눈길을 끄는 특성, 혐오감과 놀라움이었다.

2017년 8월 인도에서는 왓츠앱으로 보낸 메시지 하나 때문에 반다 지역에서 폭동이 벌어졌다. 열네 살 먹은 한 소녀가 구르두아라 시장에서 경비대원 한 명에게 폭행을 당했다는 메시지였다. 이 소식은 이틀 만에 널리 퍼져서 시크교 공동체와 힌두교 공동체 사이에 격렬한 충돌을 일으켰다. 사실 이는 미리 막을 수 있었던 사태였다. 발단이 된 정보가 거짓이었기 때문이다. 이 사건 외에도 인도의 자르칸드주州에서는 2017년 5월에 왓츠앱으로 어린이가 유괴되었다는 가짜 소문이 퍼져서 일곱 명의 남자가 집단 폭행을 당해 죽었다.[71] 그 두 달 전에는 상점에서 물건을 훔쳤다고 소셜 미디어에서 부당하게 비난받은 두 남자도 똑같은 일을 당했다. 인도 정부는 이렇게 폭력이 난무하는 상황에 대처하기 위해서 때로는 부분적으로, 때로는 완전히 인터넷을 차단하는 조치를 취했다. 인도는 2016년 1월부터 2018년 5월까지 인터넷이 154차례나 끊겨서 전 세계에서 인터넷이 가장 여러 번 끊긴 나라라는 불명예를 얻었다. 이는 파키스탄(19회)이나 이라크(8회), 시리아(8회)처럼 인도보다 더 강압적인 정권 국가를 훌쩍 앞서는 수치다.

가짜 뉴스는 마치 바이러스처럼 전파된다. 영국의 학자 고든 페니쿡은 개인적인 수준에서 가짜 뉴스에 오염되고 그 정보를 원치 않게 전달하는 일을 최대한 피하기 위한 해결책을 알아내고자 했다.[72] 그는 정치적 견해가 뚜렷하지 않은 인터넷 사용자들을 한데 모은 뒤 정치·사회적 내용의 엑스 게시물과 기사들을 보여주었다. 그중에는 간간히 가짜 뉴스가 섞여 있었다. 그런 뒤 페니쿡은 실험 참가자를 두 그룹으로 나누었다. 첫 번째 그룹에게는 주어진 글 중에서 진짜 정보를 가려내라는 것 말고는 아무런 지침도 주지 않았다. 그들이 사용할 수 있는 컴퓨터가 한 대 있었지만, 페니쿡은 그것을 사용하라고 분명히 말하지 않았다. 반면에, 두 번째 그룹에게는 대답을 하기 전에 거리를 두고 깊이 잘 생각해보라고 요구했고, 글에서 이야기하는 내용들이 맞는지 확인할 수 있도록 컴퓨터를 한 대 마련해놓았다고 명확히 알렸다. 이 실험의 목적은 두 번째 그룹이 일종의 메타 인지 통제를 발휘해서 최초의 자동적 사고를 신뢰하지 못하게 하려는 것이었다.

실험 결과, 두 번째 그룹의 사람들이 첫 번째 그룹의 사람들보다 가짜 정보를 더 잘 가려냈다. 그들은 메타 인지 통제를 수행해서 분석적인 추론을 함으로써 가짜 정보를 넘어설 수 있었다. 가짜 정보를 진실처럼 보이게 만들기 위한 교묘한 말들을 꿰뚫어본 것이다. 반면에 첫 번째 그룹의 사람들은 정치적 입장이 분명하지 않았음에도 가짜 뉴스를 더 많이 믿었다. 페니쿡은 이들을 "편파적이지 않은 게으름뱅이 lazy, not biased"라고 불렀다. 누구나 클릭 한 번으로 엄청나게 많은 양의 정보에 빠르게 접근할 수 있는 세상에서, 이러한 게으름은 오류를 범하게 만든다. 그러므로 피해를 보지 않으려면 게으름을 덜 피워야 하고, 덜 수동적이어야 하며, 더 많이 의심하고, 더 신뢰할 만한 출처를 찾아 확인해야 한다.[73]

스탠퍼드 대학교의 학자인 샘 와인버그 Sam Wineburg와 세라 맥

그루Sarah McGrew는 웹페이지를 읽는 좋은 방법과 나쁜 방법이 있음을 보여주고자 평범하게 인터넷을 사용하는 사람들과 전문적으로 정보의 사실 여부를 확인하는 팩트 체커fact-checker들을 한자리에 모았다.[74] 두 학자는 모든 참가자에게 똑같은 페이지를 읽어준 다음에, 거기에 담긴 정보가 옳다고 생각하는지 거짓이라고 생각하는지 답해보라고 했다. 그 결과, 평범한 사용자들은 웹페이지를 위에서 아래로 읽으면서 그 내용의 유효성을 따로 확인하지 않은 반면에, 팩트 체커들은 어떤 정보가 의심스러워 보이면 곧바로 인터넷 페이지의 여러 탭을 열어 그 내용을 확인했다. 실험이 끝났을 때 팩트 체커들은 가짜 정보를 거의 전부 가려낸 반면, 평범한 사용자들은 가짜 정보를 거의 하나도 찾아내지 못했다. 그러므로 웹페이지를 읽을 때는 수직적으로 읽기보다는 수평적으로 읽는 것이 좋다. 다시 말해, 한 페이지를 그냥 수동적으로 읽기보다 다른 웹페이지들도 함께 열어보면서 읽는 것이 좋다.

언제 의심하고 신뢰할지
스스로 알아내는 사람이 되라

팩트 체크 작업은 유통되는 정

보의 양이 너무 많아서 시간이 오래 걸리고 비용이 많이 든다. 그래서 전통적인 언론 매체의 팩트 체커들은 금세 시시포스가 되어서, 확인해야 할 새로운 정보의 무게 때문에 끊임없이 굴러떨어지는 바위를 매일 언덕 위로 밀어 올리는 신세가 된다.* 구글과 왓츠앱, 엑스, 메타는 팩트 체커들이 하는 일을 돕는다는 명목으로 어떤 정보의 출처가 얼마나 신뢰할 만한지 알려주는 아이콘 모양의 '신뢰도 지표'를 개발했다.[75] 이를 트러스트 프로젝트Trust Project(신뢰 프로젝트)라고 부른다. 그런데 그 소셜 미디어들이야말로 가짜 뉴스가 주로 전파되는 공간이다. 감염시키는 매개자가 동시에 치료제가 될 수 있을까?

소셜 미디어들은 단순한 전달 통로, 즉 파이프에 불과하므로, 가짜 뉴스가 전파되는 상황에 책임이 없다고 생각할 수도 있다. 배관 업체가 자기들이 설치한 시설물인 파이프 안에서 흐르는 물의 수질에 대해서는 책임이 없는 것과 마찬가지로, 페이스북이나 엑스는 그 안에서 유통되는 가짜 뉴스에 대하여 책임이 없을 수도 있다. 하지만 구글과 페이스북은 우리가 검색하는 내용을 '편집'하면서, 다시 말해 우리의 개인 정보를 하

---

*   시시포스는 그리스 신화에 나오는 코린트의 왕으로, 제우스를 속인 죄로 지옥에 떨어져 끊임없이 바위를 산 위로 밀어 올리는 형벌을 받았다. ─ 옮긴이

나하나 분석한 다음에 우리가 지닌 믿음과 관심사에 일치하는 콘텐츠를 우리에게 전하기 위해 그 콘텐츠를 창출하는 데 참여한다. 즉 소셜 미디어 안에서 유통되는 수백만 정보를 건드리지 않고 그냥 전달만 하는 파이프가 아니라, 모든 수도꼭지에서 나오는 액체를 일일이 손보는 파이프인 것이다.

 2018년 3월에 〈가디언Guardian〉과 〈옵저버Observer〉, 〈뉴욕 타임스New York Times〉는 인터넷 정보 분석 기업 케임브리지 애널리티카Cambridge Analytica가 페이스북에서 우리가 자주 보는 유형의 설문("당신은 해리 포터의 등장인물 중 누구에 해당합니까?", "당신의 선사시대 스타일의 이름은 무엇이었을까요?" 등)을 이용해서 페이스북 사용자의 개인 정보 수백만 개를 수집했다는 사실을 폭로했다. 그 설문은 거기에 참여한 사람들뿐 아니라, 그들의 페이스북 친구 정보까지도 가져갔다. 그렇지만 페이스북은 그 사실이 폭로되기 전까지도 사용자들을 대상으로 투명성 정책을 실시한다고 계속 단언하면서, 사용자들의 정보가 사용되고 배포된다면 분명히 그 사실을 공지할 거라고 이야기했다. 그러나 영국의 방송사 채널 4Channel 4가 케임브리지 애널리티카 본사를 취재한 뒤 방영한 탐사보도 프로그램에 따르면, 그러한 관행이 가짜 뉴스를 의도적으로 전파하고, 정적의 정보를 캐고, 여론을 조작하기 위해 여러 소셜 미디어 사용자들의 개인 정보를 활용하는 수준까지 확대되고 있었음이 밝혀졌다.

더욱이 공권력이 국가적인 수준에서 가짜 뉴스에 맞서는 정책을 실시하면, 그러한 정책들이 언론의 자유를 오히려 제한하기도 한다. 프랑스의 마크롱 대통령은 언론인을 검증한다는 명목으로 '저널리즘윤리중재위원회'를 창설하기도 했는데 이는 오히려 언론의 자유에 심각한 위험이 될 수 있다. 국가가 해야 할 일은, 엑스와 페이스북을 더욱 투명하게 만드는 대책 마련, 온라인에서 개인 정보를 더 잘 추적하는 방법에 대한 대책 마련, 그리고 무엇보다 각 시민이 자신의 개인 정보에 접근하고, 그것이 사용되는 방식을 통제하고, 그 정보를 자유롭게 삭제할 수 있게 만드는 것이다.

그러기 전까지 우리는 각자 정보를 최대한 건강한 방식으로 소비하는 수밖에 없다. 이를 위해서는 신뢰 지수 기법을 적용하도록 스스로 훈련해야 할 터인데, 그러려면 시간이 오래 걸릴 수도 있는 학습 단계를 거쳐야 한다.

필자가 심리교육 치료를 할 때, 성인 환자의 경우는 몇 달 동안 상담치료를 해야만 자신의 견해와 믿음에 스스로 신뢰 지수를 부여해 평가할 수 있다. 비판적 사고가 어린 나이부터 교육될 수 있다면 그 과정이 더 빨리 이루어질 것이다. 그래서 여러 교육자들은 비판적 정신을 가르치는 교과서를 개발했다. 여기에서 비판적 정신이란, 모든 정보를 대할 때 마땅히 취해야 할 지적인 태도로, 이성을 활용해서 정보를 주의 깊게 검토하고, 관련 자료를 수집하고, 그 정보를 진실이거나 실제라고 판단하기에 앞서 증명하는 과정을 거치는 태도다.[76] 프랑스에서는 초등학교부터 고등학교까지 이러한 수업이 몇 가지 주제를 중심으로 구성되는데, 그 주제는 어떻게 관찰하고 그 내용을 어떻게 해석할까, 서로 다른 사건이나 메커니즘의 원인과 결과를 어떻게 정할까, 정보 출처의 신뢰도 및 글이나 그림, 동영상에서 전하는 정보와 콘텐츠를 어떻게 평가할까, 과학적 또는 사회적 주제에 대하여 어떻게 논증할까 등이다. 이렇게 비판적 사고 방법을 심화 학습하는 것이야말로 인지과학자들이 가짜 뉴스가 초래하는 여러 문제들에 대처하기 위해서 만장일치로 권하는 몇 안 되는 방법이다.[77]

/
나가며
/

편향의
눈가리개를 벗고
직관을 의심하라

인간 사회의 발전과 함께 편향적 사고는 항상 존재해왔다. 세상엔 언제나 좌파와 우파가 있고, 권위적인 부모가 있는가 하면 방임적인 부모가 있고, 자유분방한 커플과 전통적인 커플, 일벌레와 게으름뱅이, 낙관적인 사람과 비관적인 사람이 존재한다. 하지만 오늘날 같은 디지털 시대가 오기 전에는 정치적, 사회적, 공동체적 입장이 서로 아무리 반대된다 해도, 모든 사람이 현실에 대한 '공동의 받침돌' 위에 서 있었다. 세상을 살아가는 방식에 대해 서로 의견이 일치하지 않아도, 그것을 넘어서 우리는 언제나 같은 세상을 공유했다.

그러나 오늘날에는 상황이 다르다. 트럼프는 2018년 11월에 엑스에서 "강력하고 광범위한 한파가 모든 기록을 깰 것이라고 한다. 그런데 지구 온난화가 웬 말인가?"라고 큰소리쳤는데, 이는 기상(날씨)과 기후를 혼동하는 말이었다. 그럼에도 수천 명의 사람들이 이 게시물에 '좋아요'를 보내면서 기후 위기는 존재하지 않는다는 '대안적 현실'(트럼프의 측근들이 만든 모순 어법)에 동조를 표했다. 이제 우리가 살아가는 세상은 확인된 사실과 거짓 믿음이 동등하게 취급되는 곳이 되었다.

소셜 미디어를 통해 '끼리끼리 소통'에 갇혀 지낼수록, 우리의 정체성은 우리가 교류하는 집단의 색깔을 띠며 우리 생각과 일치하지 않는 목소리는 점점 거부하게 될 것이다. 이러한 메커니즘은 사회가 공동체별로 집단주의를 형성하도록 만들고, 그 결과 사회 조직의 균열을 가져온다. 그러므로 우리는 다음과 같은 시급한 질문을 던져야만 한다. "우리는 지금 무엇을 공동으로 가지고 있는가?"

우리가 공동으로 가진 첫 번째 것은 우리가 사는 세상이다. '사실들로 이루어진 현실' 말이다. 지구 온난화는 내가 지금 앉아서 글을 쓰고 있는 이 책상만큼이나 실제로 존재하는 것이다. 인류는 정말로 달에 발을 내딛었다. 지구는 둥글다. 이러한 사실들을 부인하면, 우리는 합의를 전혀 볼 수 없게 되고 그 어떤 시민의식도 가질 수 없으며 세상은 살아가기 힘든 공간이 된다. 사회적 대화가 일련의 독백으로 변모하는 시대에서는 사람들의 견해가 더 과격해지고, 사회는 양극화하며, 폭력은 증가한다. 민주적인 공간을 다시 구축하려면 우리는 우리가 가진 현실에 대한 공동의 받침돌을 보존하고 발달시켜야 한다. 그리고 그렇게 하기 위한 가장 좋은 수단은 의심, 즉 자기 자신을 향하는 건설적인 의심이지, 다른 사람들을 향하는 비난하는 의심이 아니다.

하지만 의심은 양날의 검이므로 신중하게 다루는 방법을 배워야 한다. 그러므로 우리는 절대적 의심보다는 차이를 고려하는 '신중한 의심'을 가질 필요가 있다. 세상의 복잡함에 대처할 수 있도록 경우에 따라 그때그때 적용하는 단계적인 의심 말이다. 앙리 푸앵카레Henri Poincaré는 이렇게 말했다. "모든 것을 의심하는 것 또는 모든 것을 믿는 것은 둘 다 똑같이 편리한 해결책으로, 깊은 생각을 필요없게 만든다." 따라서 내가 여러분에게 권장하고자 하는 일은, 스스로 어느 순간에 의심하며 어느 순간에 신뢰할 수 있는지를 결정할 수 있도록 비판적 사고를 기르는 것이다.

당신이 생각하고 믿고 판단할 때 작용하는 뇌의 기제를 늘 깊이 생각해보라. 어떤 문제로 스트레스를 받아서 몸이 긴장한다고 느낀다면, 조금 의심하라. 어떤 믿음이 당신에게 중요해서 그 믿음을 의심하는 일이 견딜 수 없을 지경이라면, 당신은 동기화된 추론 때문에 부분적으로 눈이 먼 상태다. 그렇다면 조금 의심하라. 누군가에 대해 자신도 모르게 '이 사람은 이러이러한 사람이야'라고 당연하게 판단한다면, 당신의 평가가 무엇에 근거를 두는지 자문해보고 맥락을 다시 생각해보면서 조금 의심하라. 그 사람이 당신과 똑같은 메커니즘에 따라 행동한다는 사실을 떠올리고, 그가 그러한 행동을 하게 된 동기가 무엇인지 이해할 때까지 판단을 미루고자 애써라.

필요한 때에 자신의 생각과 감정, 직관을 의심할 줄 알면 우리는 세상을 온갖 미묘함과 복잡함까지 다시금 보게 되고, 우리가 차고 있던 눈가리개에서 벗어나게 된다. 사람과 상황을 이분법적으로 바라보지 않도록 스스로를 의심함으로써 자신이 지닌 확신과 거리를 두면, 다시 타인과 관계를 만들어갈 가능성이 열린다. 이러한 노력을 통해 균열된 사회를 함께 봉합하고, 일방적 독백이 아닌 대화를 다시 시작하며, 공동의 받침돌 위에서 세상을 함께 바라보자.

감사의 말

마리암 샤마가 없었다면 이 책은 세상에 나오지 못했을 것이다. 이 책은 10년이 넘는 교류와 대화, 논쟁의 결실이기 때문이다. 내가 하는 말은 그녀가 하는 말일 수도 있을 만큼 우리는 말하자면 몸은 둘이지만 하나의 뇌를 공유하는 것과 같다.

조엘이 없었다면 나는 지금의 내가 아닐 것이다.

기욤 알라리는 내가 첫 에세이를 쓸 수 있도록 믿음을 보여주었다. 최고의 나를 이끌어낼 줄 아는 이토록 너그러운 편집자를 만난 행운에 언제까지나 감사할 것이다. 그가 이끄는 출판사의 저자라는 사실이 영광이다.

나를 담당한 루이즈 지오바난젤리는 최고의 편집자다. 내가 이 책 작업을 자랑스럽게 여길 수 있는 것은 대부분 그녀 덕분이다. 덕분에 글의 질이 얼마나 높아졌는지 아무리 강조해도 부족하리라. 그녀와 알라리 출판사의 팀원 모두와 함께 일해서 참으로 즐거웠다!

마르크 퐁드뤼엘은 내가 저녁에 오랜 시간 작업하고 기타를 칠 때 함께 해주었다. 고맙다.

키아스마의 절친한 동료 카미유 로지에와 사미 아무드. 이 책을 쓰려는 마음은 바로 키아스마에서 탄생했다.

티보 그리싱거는 이 책의 학술적 내용을 자문해주었다. 우리가 나눈 대화로 작업이 풍성해졌을 뿐 아니라, 그 덕분에 지금도 계속 내가 풍부하게 고찰하고 있다.

앙투안 펠리솔로는 뇌가 부리는 기교들을 짐작하고 안다는 착각을 넘어서는 방법을 나에게 가르쳐주었다. 언제나 그에게 감사할 것이다.

친구들. 나는 그들과 더 많은 시간을 함께 보내기 위해 일한다. 디마, 이샴, 위스, 그라스, 잉클링, 카타리나 샤디, 뤼카, 마그, 카림, 마누, 사메르, 발, 에밀레오, 쉬앙, 링크, 아스, 레아, 파울로, 마르코, 뤼시, 필리프, 에마, 나디모, 아넌, 카밀, 에도, 텔레르, 라슐뤼, 레디트, 마리사라, 샤를로트, 마니투, 슈위슈, 라얄, 아크람, 테트리스, 로렌, 단, 자도, 나딤, 위그, 루이즈, 마르와, 에르베, 클로드 젤다, 사미, 뱅자맹, 셀리나, 시타, 마리오, 샤타, 나나, 니키, 레이아, 파라, 스위치, 스테팔.

 내가 함께 교류할 수 있었고, 뇌가 나에게 부리는 기교에 기여한 모든 사람에게 감사를 전한다.

 그리고 당연히 레바논에 있는 나의 가족. 그리고 문자 그대로 처음부터 있어 준 셀림, 이본, 시사, 아두. 모두 고맙다.

용어 정리

- **가면 증후군**(사기꾼 증후군): 자기가 지닌 실제 능력을 과소평가하고 자기가 항상 능력이 부족하다고 믿는 경향.
- **거짓 등가성의 오류**: 공통점을 보이는 두 개의 대상이 성질이 서로 다른데도 그 둘을 비교하는 오류.
- **권위에 의한 논증**: 상대방을 설득하기 위해서 자신의 서열이나 지위, 직업을 활용하는 것.
- **넛지**: 문자 그대로 '팔꿈치로 툭 친다'는 뜻의 영어 단어. 개인이 더 시민적인 행동 방식을 취하도록 억지로 강요하기보다는 자연스럽게 유도하기 위해 단순한 수단들(착시, 기본으로 정해진 선택, 사회적 순응 등)을 활용하는 행동 기법.

- **노출 요법**: 불안이나 공포를 느끼는 사람을 그가 지닌 불안이나 공포를 일으키는 원인에 노출시키는 기법. 목적은 그 사람의 정서와 행동, 인지 반응을 관찰해서 그가 장기적으로 자신의 두려움을 극복하게 돕는 것이다.
- **단일 원인의 오류**: 어떤 사건에 복합적이고 다양한 요인이 있는데도 거기에 단 하나의 원인만 있다고 믿는 경향.
- **대상 영속성**: 우리 외부에 존재하는 사물들이 우리가 그것들을 더 이상 지각하지 못해도 공간에 계속 존재한다는 인식. 사람과 동물이 공동으로 지닌 능력이다.
- **더닝-크루거 효과**: 과신 편향이라고도 부른다. 우리가 어떤 새로운 주제를 처음 접할 때, 관련 지식들을 처음 학습하고 나서 그 주제를 완벽히 잘 안다고 믿으며 자기 능력에 대해 자신감 과잉에 빠지는 현상.
- **동기화된 추론**: 우리의 믿음을 확인해주는 일에만 관심을 두고 의문 제기하기를 거부하면서 그 믿음을 합리화하고, 자신의 생각이 옳다는 점을 뒷받침하기 위한 변명을 사후에 만들어내는 사고방식.
- **메타 인지**: '메타'(너머)와 '인지'(생각)로 이루어진 용어로, 우리가 하는 자동적 사고에 중첩되는 생각들을 의미한다. 우리가 무언가에 대해 생각할 때 마음속에서 들리는 작은 목소

리에 해당한다.
- **메타 인지 통제**: 자신이 갖는 자동적인 생각이나 감정을 거리를 두고 재평가할 수 있도록 메타 인지에 가하는 훈련.
- **모호성 감소**: 세상에 대하여 일관된 관점을 갖기 위해서 모호한 영상이나 상황을 안정적으로 만드는 뇌의 작업. 이는 대체로 무의식적이고 자연스럽게 이루어진다.
- **분석적 추론**: 어떤 주제에 대하여 우리가 사용할 수 있는 모든 정보를 선입견 없이 추론으로 이끌어낼 결론에 따라 중립적으로 다루는 것.
- **사회적 순응**: 개인들로 이루어진 집단(사회 계층, 정치 집단, 가족 등)이 보이는 행동과 똑같은 행동을 하게 만드는 마음.
- **선택맹**: 우리가 한 선택을 전부 기억하지 못하게 만드는 뇌의 기능 방식. 우리는 사후에 누군가 요구하면 그 선택들을 합리화할 수 있다.
- **선험적 지식**: 감각 체험과 상관없이 우리가 지니게 된 지식. 이 지식은 특정 상황에서 모호성을 줄이는 방식에 영향을 미칠 수 있다.
- **설명 깊이의 착각**: 사물, 더 나아가 세상이 기능하는 방식에 대하여 우리가 이해하는 바를 과대평가하는 경향.
- **신뢰 지수**: 우리의 견해와 생각들에 서로 다른 신뢰 수준을

부여하는 것. 이로써 매사를 이분법적으로 보는 시각(나는 안다/나는 모른다)에서 벗어나 점진적인 관점을 택함으로써 견해를 바꾸고 더 개방적이 될 여지가 많아진다.
- **심리교육**: 임상 심리학에서 사용하는 기법으로, 우리의 행동과 생각, 감정이 어떻게 형성되는지 더 잘 이해하도록 뇌와 심리학이 기능하는 방식을 설명하는 것.
- **쌍안정 그림**: 서로 다른 두 가지 방식으로 해석될 수밖에 없는 모호한 그림. 삼안정 또는 다안정 그림도 존재한다.
- **역정보 효과**: 사후에 받은 정보가 어떤 사건에 대해 갖고 있던 기억의 명확성을 변질시키고 가끔은 거짓 기억까지 만들어내는 현상.
- **이분법적 사고 오류**: 어떤 상황을 흑백의 양자택일로 축소하는 경향. 하지만 세상은 복합적이고, 흑이나 백이기보다는 회색인 경우가 많다. 이분법적 사고는 '켜짐'과 '꺼짐' 두 가지 기능만 지닌 전기 스위치처럼 기능하는데, 객관적인 사고는 빛의 세기를 단계적으로 조절하는 장치처럼 기능해야 한다.
- **인지 부조화**: 자신의 태도와 모순되는 생각이나 견해를 가질 때 생기는 정신적으로 불편한 느낌.
- **인지 편향**: 타당한 정보들을 모두 감안하는 분석적인 추론을

하지 않고 수고를 덜 들여 결정 내리거나 판단하려는 우회적인 사고방식. 인지 편향은 빠르고 유용하지만, 종종 판단 오류를 일으키기도 한다. 현재 인지 편향들의 목록은 계속 늘어나고 있는데, 그중 주요한 인지 편향들을 소개하면 다음과 같다.

- **과신 편향**: 어떤 주어진 주제에 대하여 우리가 갖고 있는 능력이나 지식을 과대평가하는 경향.
- **기본적인 귀인 편향**: 다른 사람들을 그들이 가진 의도가 아닌 그들의 행위로 판단하고, 반대로 우리 자신은 우리의 행위가 아닌 의도로 판단하는 경향.
- **기준점 편향**: 주어진 상황에 대해 판단을 내리기 위해서 단 하나의 정보만을 채택하는 경향. 보통 그 정보는 최초로 제시되는 정보다.
- **대표성 편향**: 어떤 사람이나 상황을 판단할 때, 그 사람이나 상황을 대표한다고 간주되는 몇 안 되는 한정된 요소들만 근거로 삼는 경향.
- **명성 편향**: 어떤 사람이 유명하면, 그 사람의 견해를 덜 유명한 전문가의 견해보다 더 가치 있다고 믿는 경향.
- **부정적 고정관념 편향**: 특정 범주의 사람들에 대하여 부정적인 고정관념을 만들어내거나 퍼뜨리는 경향.

- **부정적 해석 편향**: 부정적이거나 긍정적인 방식으로 해석될 수 있는 상황에서, 부정적인 방식을 선택함으로써 모호성을 줄이는 경향.
- **선택 편향**: 어떤 주제를 검토할 때, 타당한 다른 정보들은 무시하고 특정 정보들만 선별하는 경향. 이는 해당 주제에 대하여 부분적이고 편협한 시각을 갖게 만든다.
- **현재 중시 편향**: 먼 미래보다는 가까운 미래를 더 중요하게 여기는 경향.
- **확증 편향**: 우리가 이미 갖고 있던 생각과 견해, 믿음을 확인해주는 정보들을 우선시하고, 거기에 반대되거나 모순되는 정보는 거부하는 경향.

- **인지 항상성**: 우리가 자연스레 되찾으려는 심리적인 균형 또는 안정 상태.
- **일화적 증거의 오류**: 복잡한 주제에 대하여 매우 드문 일화나 하나의 정보를 보편적인 결론을 이끌어내기에 충분한 증거로 간주하는 경향.
- **자동적 사고**: 사람이 직접 통제하기에는 지나치게 빠르게 생겨나는 생각.
- **작화증**: 뇌가 기억의 결함을 보상하기 위해서 만들어내는 허구적 이야기. 특히 신경성 질병에 걸린 경우에 나타난다.

- **정신적 완고함**: 우리가 받는 새로운 정보가 우리가 생각하는 방향과 일치하지 않을 때, 새로운 정보에 따라서 관점과 견해, 믿음을 최신 정보로 바꾸기를 거부하는 것.
- **정신적 유연성**: 새로 받는 정보와 새로 하는 체험에 따라 자신의 견해를 바꾸고 믿음을 고치는 능력.
- **책임 분산**: 위기 상황에서 그 자리에 다른 사람이 있고 그들이 행동할 가능성이 있을 때, 우리가 아무 행동도 하지 않음에 대하여 책임감을 덜 느끼게 만드는 심리 사회적 현상.
- **추론**: 사고의 기초를 이루는 지성 작용으로, 하나의 명제에서 시작해 논리적인 여러 단계를 거쳐 결론에 이르는 것.
- **통제 위치**: 우리에게 벌어지는 일을 통제하는 자신의 능력을 평가하는 기준. 모든 일의 원인이 자기 자신에게 있다고 생각한다면, 내적 통제 위치를 지닌 것이다. 삶은 외적인 요인들로만 좌지우지되고 자신은 벌어지는 일에 대해 아무런 통제도 할 수 없다고 생각한다면, 외적 통제 위치를 지닌 것이다.
- **학습된 무기력**: 싫은 상황 또는 실패하는 상황에 반복해서 처할 때 발달하는 행동 양식으로, 우리가 상황을 더 이상 변화시킬 수 없고 벌어지는 일을 감수할 수밖에 없다고 믿게 만든다.

- **휴리스틱**: 어떤 주어진 상황에서 어림짐작을 활용해 내리는 의사결정 방식. 어림짐작이지만 상당히 좋은 결과를 낳고 거의 순간적으로 이루어진다는 장점을 지닌다.

주

1부   우리는 어떻게 세상을 인식하는가?

1. S. L. Macknik, M. King, J. Randi, A. Robbins, Teller, J. Thompson et S. Martinez-Conde, 《Attention and awareness in stage magic: turning tricks into research》, Nature Reviews Neuroscience, 9 (2008), p. 871-879.

2. J. Lehrer 《Magic and the Brain: Teller Reveals the Neuroscience of Illusion》, Wired.com (2009).

3. R. R. Trifiletti, E. H. Syed, 《Anton-Babinski Syndrome in a Child with Early-stage Adrenoleukodystrophy》, European Journal of Neurology, 14, n° 2 (2007).

4. E. F. Loftus et J. C. Palmer, 《Reconstruction of auto-mobile destruction: An example of the interaction between language and memory》, Journal of Verbal Learning and Verbal Behavior, 13, n° 5 (1974), p. 585-589.
5. https://www.innocenceproject.org.
6. E. F. Loftus, J. Coan et J. E. Pickrell, 《Manufacturing false memories using bits of reality》, in L. M. Reder, Implicit Memory and Metacognition (1996).
7. 《Grassement payée, la thérapeute faisait remonter de faux souvenirs》, Europe1.fr (2017).
8. K. Abramson, 《Turning Up The Lights On Gaslighting》, Philosophical Perspectives, 28, n° 1 (2014), p. 1-30.
9. P. Johansson, L. Hall, S. Sikström et A. Olsson, 《Failure to detect mismatches between intention and outcome in a simple decision task》, Science, 310, n° 5745 (2005), p. 116-119.
10. A. Tversky et D. Kahneman, 《Judgment under Uncertainty: Heuristics and Biases》, Science, 185, n° 4157 (1974), p. 1124-1131.
11. A. P. Gregg, N. Mahadevan, C. Sedikides, 《The SPOT

effect: People spontaneously prefer their own theories》, The Quartely Journal of Experimental Psychology, 70, n° 6 (2017).

12. Ibid.
13. J. Fox, 《Instinct Can Beat Analytical Thinking》, Harvard Business Review (2014).
14. D. E. Melnikoff, J. A. Bargh, 《Trends in Cognitive Sciences》, Science Direct, 22, n° 4 (2018).
15. D. E. Melnikoff et J. A. Bargh, 《The Mythical Number Two》, Trends in Cognitive Sciences, 22, n° 4 (2018).
16. B.M. Galla, et A.L. Duckworth, 《More than resisting temptation: beneficial habits mediate the relationship between self-control and positive life outcomes》, Journal of Personality and Social Psychology, 109 (2015), p. 508-525. W. Wood, et D. Rünger, 《Psychology of habits》, Annual Review of Psychology, 37 (2006), p. 289-314. A. Fishbach, L. Shen, 《The explicit and implicit ways of overcoming temptation》 in J. W. Sherman, B. Gawronski et Y. Trope (Eds.), Dual-process theories of the social mind, Guilford Press, New York (2014) p. 454-467.

17. Ibid.
18. World Bank Group, 《World Development Report 2015: Mind, Society, and Behavior》, World Bank (2015).

2부 ──────── 나의 뇌, 타인의 뇌 그리고 세상

1. Agence européenne pour la sécurité et la santé au travail-EU-OSHA, 《Analyse documentaire : Calcul des coûts du stress et des risques psychosociaux liés au travail》, Publications Office of the European Union, (2014).

2. K. H. Pribram, 《A Review of Theory in Physiological Psychology》, Annual Review of Psychology, 11 (1960), p. 1-40.

3. E.P. Balogh, B.T. Miller et R.B. Ball, 《Improving Diagnosis in Health Care》, National Academies Press, Washington (2015). J. Hadwin, S. Frost, C. C. French, A. Richards, 《Cognitive processing and trait anxiety in typically developing children: Evidence for an interpretation bias》, Journal of Abnormal Psychology, 106 n° 3 (1997), p. 486-490. M. R. Taghavi, A. R. Moradi, H. T. Neshat-Doost, W. Yule et Tim Dalgleish,

《Interpretation of ambiguous emotional information in clinically anxious children and adolescents》, Cognition and Emotion, 14, n° 6 (2010) p. 809-822 (2010). S. M. Bögels, D. Zigterman, 《Dysfunctional Cognitions in Children with Social Phobia, Separation Anxiety Disorder, and Generalized Anxiety Disorder》, Journal of Abnormal Child Psychology, 28, n° 2 (2000), p. 205-211.

4. M. Spokas, R. G. Heimberg, T. Rodebaugh, 《Cognitive biases in social phobia》, Psychiatry, 3, n° 5 (2004), p. 51-55.

5. W. S. Gilliam, A. N. Maupin, C. R. Reyes, M. Accavitti et F. Shic, 《Do Early Educators' Implicit Biases Regarding Sex and Race Relate to Behavior Expectations and Recommendations of Preschool Expulsions and Suspensions?》, Yale University Child Study Center (2016).

6. A. Moukheiber, G. Rautureau, F. Perez-Diaz, R. Soussignan, S. Dubal, R. Jouvent et A. Pelissolo, 《Gaze avoidance in social phobia: objective measure and correlates》, Behaviour Research and Therapy, 48, n° 2 (2010), p. 147-151.

7. B. K. Payne, 《Weapon Bias : Split-Second Decisions and Unintended Stereotyping》, Current directions in

psychological science, 15, n° 6, p. 291 (2006).

J. Correll, B. Park, C. M. Judd, B. Wittenbrink, 《The police officer's dilemma: using ethnicity to disambiguate potentially threatening individuals》, Journal of Personality and Social Psychology, 83, n° 6 (2002), p. 1314-29.

8. D. Westen, P.S. Blagov, K. Harenski, C. Kilts, S. Hamann, 《Neural bases of motivated reasoning: an FMRI study of emotional constraints on partisan political judgment in the 2004 U.S. Presidential election》, Journal of Cognitive Neuroscience, 18, n° 11 (2006), p. 1947-58.

9. J. Haidt, 《The Emotional Dog and Its Rational Tail: A Social Intuitionist Approach to Moral Judgment》, Psychological Review, 108, n° 4 (2001), p. 814-834.

10. Y. Cahuzac et S. François, 《Les stratégies de communication de la mouvance identitaire. Le cas du Bloc identitaire》, Questions de communication, 1, n° 23 (2013), p. 275-292.

11. C. Dovergne, 《Essena O'Neill, reine d'Instagram, raconte l'enfer derrière ses photos parfaites》, Vanity Fair (2015).

12. L. Festinger, 《A Theory of cognitive dissonance》, Psychology coll., Stanford University Press, Stanford (1957).

13. B. Franklin, 《The Autobiography of Benjamin Franklin》, Americana coll., J.B. Lippincott & Co, Philadelphia (1868), p. 48.
14. J. Brehm, 《Postdecision Changes in the Desirability of Alternatives》, Journal of Abnormal and Social Psychology, 52, n° 3 (1956), p. 384-389. M. Chammar, I. E. Karoui, S. Allali, J. Hagège, K. Lehongre, D. Hasboun, M. Baulac, S. Epelbaum, A. Michon, B. Dubois, V. Navarro, M. Salti et L. Naccache, 《Cognitive Dissonance Resolution Depends on Episodic Memory》, Scientific Reports, 7, n° 41320 (2017).
15. G. Russel, 《Le juteux business de l'indicateur de personnalité MBTI》, Le Figaro (2004).
16. G. L. William et M. J. Martinko, 《Using the Myers-Briggs Type Indicator to Study Managers: A Literature Review and Research Agenda》, Journal of Management, 22, n° 1, p. 45-83. D. J. Pittenger, 《Cautionary comments regarding the Myers Briggs Type Indicator》, Consulting Psychology Journal: Practice and Research, 57, n° 3 (2005), p. 210-221. R. Hogan, 《Personality and the fate of organizations》, Lawrence Erlbaum Associates, New Jersey (2007), p. 28. W. L. Gardner

et M. J. Martinko, 《Using the Myers-Briggs Type Indicator to Study Managers: A Literature Review and Research Agenda》, Journal of Management, 22, n° 1 (2016), p. 45-83.

17. B. R. Forer, 《The Fallacy of personal validation: a classroom demonstration of gullibility》, The Journal of Abnormal and Social Psychology, volume 44, n° 1, p. 118-123 (1949).

18. J. B. Rotter, 《Generalized expectancies for internal versus external control of reinforcement》, Psychological Monographs: General and Applied, 80, n° 1 (1966), p. 1-28.

19. S. Jain et A. Pratap Singh, 《Locus of Control in Relation to Cognitive Complexity》, Journal of the Indian Academy of Applied Psychology, 34, n° 1 (2008), p. 107-113.

20. E. J. Phares, 《Changes in expectancy in skill and chance situations》, unpublished, doctoral dissertation, Ohio State University, Columbus (1955).

21. S. J. Spencer, C. M. Steele et D. M. Quinn, 《Stereotype Threat and Women's Math Performance》, Journal of Experimental Social Psychology, 35, n° 1 (1999), p. 4-28.

22. N. Mamlin, K. R. Harris, L. P. Case, 《A Methodological Analysis of Research on Locus of Control and Learning

Disabilities: Rethinking a Common Assumption》, Journal of Special Education, 34, n° 4 (2001), p. 214-225.
23. Ibid.
24. J. M. Jacobs-Lawson, E. L. Waddell et A. K. Webb 《Predictors of Health Locus of Control in Older Adults》, Current Psychology, 30, n° 2 (2011), p. 173-183.
25. M. E. P. Seligman, 《Learned Helplessness》, Annual Review of Medicine, 23, n° 1 (1972), p. 407-412.
26. D. S. Hiroto, M. E. P. Seligman, 《Generality of Learned Helplessness in Man》, Journal of Personality and Social Psychology, 31, n° 2 (1975), p. 311-327.
27. G. Ben-Shakhar, A. Y. Shalev et N. Bargai, 《Posttraumatic Stress Disorder and Depression in Battered Women: The Mediating Role of Learned Helplessness》, Journal of Family Violence, 22, n° 5 (2007), p. 267-275.
28. E. Salomon, J. L. Preston et M. B. Tannenbaum, 《Climate Change Helplessness and the (De)moralization of Individual Energy Behavior》, Journal of Experimental Psychology Applied, 23, n° 1 (2017), p. 1-13.
29. T. Griessinger, 《Apport des sciences comportementales aux

politiques publiques pour la transition écologique》, rapport d'étude, sous la direction de la DITP (2019).

30. S. Periasamy et J. S. Ashby, 《Multidimensional Perfectionism and Locus of Control, Adaptive vs. Maladaptive Perfectionism》, Journal of College Student Psychotherapy, 17, n° 2 (2002), p. 75-86.

31. D. C. Watson, 《The Relationship of Self-Esteem, Locus of Control, and Dimensional Models to Personality Disorders》, Journal of Social Behavior and Personality, 13, n° 3 (1998), p. 399.

32. M. A. Fuoco, 《Trial and error: They had larceny in their hearts, but little in their heads》, Pittsburgh Post-Gazette (1996), p. D1

33. J. Kruger et D. Dunning, 《Unskilled and Unaware of It: How Difficulties in Recognizing One's Own Incompetence Lead to Inflated Self-Assessments》, Journal of Personality and Social Psychology, 77, n° 6 (1999), p. 1121-1134.

34. Ibid.

35. R. Lawson, 《The Science of Cycology: Failures to Understand How Everyday Objects Work》, Memory & Cognition, 34, n°

8 (2006), p. 1667-1675.

36. B. Artz, A. H. Goodall et A. J. Oswald, 《Boss Competence and Worker Well-being》, Warwick Economics Research Paper Series, n° 1072 (2015).

37. G. Wahl, Les adultes surdoués, Que sais-je, Presses Universitaires de France (2017), p. 65-74.

38. L. J. Peter et R. Hull, The Peter Principle: Why Things Always Go Wrong, HarperBusiness, (2011).

39. A. A. Durand, 《Les inégalités femmes-hommes en 12 chiffres et 6 graphiques》, LeMonde.fr (2018).

40. P. Rose-Clance, Le Complexe d'imposture, Flammarion, (1986).

41. Source : www.insee.fr

42. A. Boring, 《L'entrepreneuriat des femmes, objet de recherche à Science po》, EducPros.fr (2017).

43. C. Gaubert, 《Vaccins : les Français reprennent confiance, d'après les industriels》, Sciencesetavenir.fr (2018).

44. M. Motta, T. Callaghan et S. Sylvester, 《Knowing less but presuming more: Dunning-Kruger effects and the endorsement of anti-vaccine policy attitudes》, Social Science & Medicine, 211 (2018), p. 274-281.

45. A. Hussain, S. Ali, M. Ahmed et S. Hussain, 《The Anti-vaccination Movement: A Regression in Modern Medicine》, Cureus, 10, n° 7 (2018), p.e2919.
46. M. Fisher et M. Kranish, 《Trump Revealed: An American Journey of Ambition, Ego, Money and Power》, Simon & Schuster (2016).
47. A. Selyukh, 《After Brexit Vote, Britain Asks Google: "What Is The EU?"》, npr.org (2016).
48. 《42 % des Anglais pour un nouveau référendum》, Lematin.ch (2019).
49. G. Pennycook, J. A. Cheyne, N. Barr, D. J. Koehler et J. A. Fugelsang, 《On the Reception and Detection of Pseudo-Profound Bullshit》, Judgment and Decision Making, 10, n° 6 (2015), p. 549-563.
50. H. G. Frankfurt, 《On Bullshit》, Princeton University Press (2005).
51. G. Pennycook, J. A. Cheyne, N. Barr, D. J. Koehler et J. A. Fugelsang, 《On the Reception and Detection of Pseudo-Profound Bullshit》, Judgment and Decision Making, 10, n° 6 (2015), p. 549-563.

52. S. R. Ketabi, 《Ayurvéda, le guide de référence》, Guy Tredaniel (2018).

53. J. M. Darley et C. D Batson (1973). 《From Jerusalem to Jericho: A study of situational and dispositional variables in helping behavior》, Journal of Personality and Social Psychology, 27, n° 1 (1973), p. 100-108.

54. T. Horanont, S. Phithakkitnukoon, T. W. Leong, Y. Sekimoto et R. Shibasaki, 《Weather Effects on the Patterns of People's Everyday Activities: A Study Using GPS Traces of Mobile Phone Users》, PLoS One, 8, n° 12 (2013), p.e81153.

55. R. A. Baron, 《The Sweet Smell of… Helping: Effects of Pleasant Ambient Fragrance on Prosocial Behavior in Shopping Malls》, Personality and Social Psychology Bulletin, 23, n° 5 (1997), p. 498-503.

56. L. Ross, 《The Intuitive Psychologist And His Shortcomings: Distortions in the Attribution Process》, Advances in Experimental Social Psychology, 10 (1977) p. 173-220.

57. E. J. Johnson et D. Goldstein, 《Do Defaults Save Lives?》, Science Mag, 302, n° 5649 (2003), p. 1338-1339.

58. Synthèse de presse bioéthique, 《Don d'organes : les

allemands dépendants des autres pays européens》, genethique.org (2018).

59. K. Moskvitch, 《The Road Design Tricks That Make Us Drive Safer》, BBC future (2014).

60. P. Capelli, 《Les "nudges", force de persuasion》, Libération (2014).

61. P. Gulborg Hansen et A. M. Jespersen, 《Nudge and the Manipulation of Choice, A Framework for the Responsible Use of the Nudge Approach to Behaviour Change in Public Policy》, European Journal of Risk Regulation, 4, n° 1 (2013), p. 3-28.

62. S. E. Asch, 《Opinions and Social Pressure》, Scientific American, 193, n° 5 (1955), p. 31-35.

63. M. M. Hollander et J. Turowetz, 《Normalizing trust: Participants' immediately post-hoc explanations of behaviour in Milgram's 'obedience' experiments》, The British Psychological Society, 56, n° 4 (2017), p. 655-674. S. A. Haslam, S. D. Reicher, K. Millard et R. McDonald, 《"Happy to have been of service": The Yale archive as a window into the engaged followership of participants in Milgram's 'obedience' experiments》, The British

Psychological Society, 54, n° 1 (2015), p. 55-83.

64. IIGEA, 《Sismo artificial por celebracion de gol en México》, Sismologí (2018).

65. J. Navajas, T. Niella, G. Garbulsky, B. Bahrami & M. Sigman, 《Aggregated knowledge from a small number of debates outperforms the wisdom of large crowds》, Nature Human Behaviour, 2 (2018), p. 126-132.

66. J. M. Darley, B. Latané, 《Bystander intervention in emergencies: diffusion of responsibility》, Journal of Personality and Social Psychology, 8, n° 4 (1968), p. 377-383.

67. D. M. Faris, 《La révolte en réseau: le "printemps arabe" et les médias sociaux》, Politique étrangère, Printemps, n° 1 (2012), p. 99-109.

68. N. Normann, A. Emmerik, N. Morina, 《The Efficacy of Metacognitive Therapy for Anxiety and Depression: A Meta-Analytic Review》, Depression and Anxiety, 31, n° 5 (2014), p. 402-411.

69. C. Sagan, 《The Demon-Haunted World: Science as a Candle in the Dark》, Random House (1995).

70. S. Aral, S. Vosoughi et D. Roy, 《The Spread of True and False

News Online》, Science, 359, n° 6380 (2018), p. 1146-1151.

71. C. Levenson, 《En Inde, des rumeurs sur WhatsApp mènent au lynchage de sept hommes.》, Slate.fr (2017).

72. G. Pennycook et D. G. Rand, 《Who falls for fake news? The roles of bullshit receptivity, overclaiming, familiarity, and analytic thinking》, Social Science Research Network (2017).

73. L. Lamperouge, L. Mugiwara, I. Kurosaki, L. Cohen et D. Bowie, 《We do not tend to verify what we read》 (2019). http://bit.ly/poneglyph.

74. S. Wineburg et S. McGrew 《Lateral Reading: Reading Less and Learning More When Evaluation Digital Information》, Stanford History Education Group Working, n° 2017-A1 (2017).

75. AFP, 《Google, Facebook s'associent aux médias du "Trust Project"》, Le Point (2017).

76. M. Farina, E. Pasquinelli, G. Zimmerman, Esprit critique, esprit scientifique, Éditions Le Pommier (2017).

77. E. R. Lai, Critical Thinking: A Literature Review, Parsons Publishing, (2011), p. 40-41.

프린키피아 006
이토록 게으르고 생각보다 엉뚱한
뇌의 사생활

1판 1쇄 인쇄 2025년 12월 10일
1판 1쇄 발행 2025년 12월 17일

지은이 알베르 무케베르
옮긴이 이정은
펴낸이 김영곤
펴낸곳 ㈜북이십일 21세기북스

정보개발팀장 이리현
정보개발팀 현미나 이수정 이지윤 양지원
마케팅 김설아
외주편집 최진 **디자인** 프롬디자인
영업팀 정지은 장철용 강경남 황성진 김도연 이민재 한충희 남정한
해외기획팀 최연순 소은선 홍희정
제작팀 이영민 권경민

출판등록 2000년 5월 6일 제406-2003-061호
주소 (10881) 경기도 파주시 회동길 201 (문발동)
대표전화 031-955-2100 **팩스** 031-955-2151 **이메일** book21@book21.co.kr

KI신서 13947
ⓒ 알베르 무케베르, 2025
ISBN 979-11-7357-647-8 03180

㈜북이십일 경계를 허무는 콘텐츠 리더

21세기북스 채널에서 도서 정보와 다양한 영상자료, 이벤트를 만나세요!
페이스북 facebook.com/21cbooks   **블로그** blog.naver.com/21c_editors
인스타그램 instagram.com/jiinpill21   **홈페이지** www.book21.com
유튜브 youtube.com/book21pub

- 책값은 뒤표지에 있습니다.
- 이 책 내용의 일부 또는 전부를 재사용하려면 반드시 (주)북이십일의 동의를 얻어야 합니다.
- 잘못 만들어진 책은 구입하신 서점에서 교환해드립니다.

프린키피아

과학적 사고의 씨앗

프린키피아(Principia)는 '시작, 기초, 원리'를 의미하는 라틴어로, 프린키피아 시리즈는 모든 지식의 기초이자 근원인 과학을 탐구하고 세상이 돌아가는 원리를 알고자 하는 독자를 위한 교양 과학 시리즈입니다.

01 1초의 탄생
해시계부터 원자시계까지 시간 측정의 역사
채드 오젤 지음 | 김동규 옮김 | 김범준 감수 | 492쪽 | 28,000원

02 우리집 강아지에게 양자역학 가르치기
나의 첫 양자 수업
채드 오젤 지음 | 이덕환 옮김 | 348쪽 | 22,000원

03 노화 해방
생체 시계를 거꾸로 돌리는 저속노화 프로젝트
장 마르크 르메트르 지음 | 김모 옮김 | 정희원 감수 | 288쪽 | 19,900원

04 과학의 최전선
노화 연구에서 우주 탐사까지, 인류의 미래를 향한 지적 여행
패트릭 크래머 지음 | 강영옥 옮김 | 노도영 감수 | 412쪽 | 25,000원

05 호르몬 혁명
멈춰버린 몸과 마음을 다시 일으키는
에밀리아 부오리살미 지음 | 최가영 옮김 | 이시형 감수 | 314쪽 | 18,900원